HŌKŪ LE'A

Kanako Uchino

PHOTO
Kanako Uchino

ILLUST
mitsou

BOOK DESIGN
Yuji Nagasaka

ホクレア

星が教えてくれる道

内野加奈子

小学館

もくじ

第3章 海がつなげる

プロローグ

２００７年１月。ハワイ島西海岸、カワイハエ港。
穏やかな海に揺れながら、一艘《そう》のカヌーが出発の時を今か今かと待ち続けている。かつて太平洋の島々を自由に行き来していた祖先たちの知恵を、現代に蘇らせたハワイの伝統カヌー「ホクレア」。星や月、太陽の動き、波や海鳥の行方…、自然が教えてくれるヒントを読み解きながら、水平線の彼方の島を目指すホクレアは、古代の叡智と現代とを結ぶ架け橋となり、決して大げさではなく、太平洋の歴史を塗り替えてきた。カヌーに乗る私たちクルーは、海図もコンパスも持たない。カヌーにはエンジンもついていない。
そのカヌーが今、ハワイからミクロネシアを経由して日本へ、５ヶ月にもわたる航海

へ向かおうとしている。

出発を数日後に控えた私たちは、海の神カナロアの宿る聖地ホロモアナで出航前の儀式をすることになった。ここは遥か昔、「ナビゲーター」と呼ばれるカヌーを導く者たちが、伝統航海の術を学んだ場所だ。クルーとその家族、航海を支える人、100人を超す人々が輪になって、ひとりひとりが手を取り合う。空には、まるで私たちを祝福するかのように大きな虹がかかりはじめた。

遠く水平線を眺めながら、私は不思議なほど穏やかに、旅立ちの時を迎えていた。もちろん最初から不安がなかったわけではなかった。これまでいくつもの航海に出てきたけれど、こんなにも長い航海に出るのは初めてだったし、そのリスクの大きさも、もう何度も聞かされていた。

「恐れることも、準備のひとつだ。」

今回の航海を導くナビゲーターのひとり、ナイノアがそんな風に言っていたのを思い出す。飛行機で数時間の距離を、なぜ5ヶ月もかけていくのか。GPSが自分の位置をいつでも教えてくれる時代に、なぜ星や波だけを頼りに海に向かうのか。航海にでることの本当の意味を問いかけることが、恐れる心を包み込んでくれた。

遠く彼方から吹く、冷たい海風が頬をなでる。その時ふと、かつてこの場所に立ち、同じように、旅のはじまりを受け入れた人がきっといた、そんな感覚に包み込まれた。こうして海風に吹かれながら、旅立ちの時を迎えた古代の人々の記憶が、この場所にはしっかりと刻まれているような気がした。どこからともなく突然舞い降りてきたその感覚には、背中をふっと支えてくれるような不思議な温かさがあった。

出発は近い。

第1章　ホクレアというカヌー

1　出発前

日本に向けた1万3千キロという長い航海に備えるために、この数ヶ月の間、延々と続くリストをひとつずつこなしてきた。20メートル弱の二つのカヌーをデッキでつないだ形のホクレアは、釘を一本も使うことなく、すべてのパーツが紐でくくられてできている。大きな航海を終えるごとに海から上げ、その紐をひとつひとつほどいて、海水で傷んだ船体にやすりをかけ、何層にもコーティングをかけて、再び紐でくくっていく。つなぎ目は数百カ所もあるので、使った紐の長さは数キロにもなった。もちろん作業はすべて手作業、仕事帰りや週末を返上しながらカヌーに集まり、少しずつ組み立てていく。たくさんの人の手が触れるたびに、カヌーに息吹が吹き込まれていった。ホクレアがそんな補修を終えて、なんとか海に戻ったのはついこの間のことだ。

出発直前のここ数日は、港の片隅にある、天井のやけに高いがらんとした倉庫の中に、長い机やらイスやらをたくさん運び込んで、共に食べ、共に眠りながら準備を進めている。朝早くから毎晩遅くまで、最後の調整のために駆け回る。出発前の期待、緊張、不安、緊迫感、疲れ、すべてがそこにあった。

カヌーに積み込む水や食料を、ひとつひとつ重さを量りながら、全体のバランスをみて積んでいく。電力のないホクレアには冷蔵設備もないので、食べ物は、腐りにくい野菜やくだものが中心になる。積み込んだのは、キャベツやカボチャ、タマネギやサツマイモ、ニンジン、ショウガ、レモン、オレンジなど。これにお米や乾物などを1日ごとにパッキングしたものを足していく。

積み終えたカヌーをチェックするキャプテンの目が厳しい。カヌーが深く沈みすぎているという。積み込んだ水を減らすべきか、食料を見直すべきか。バランスの悪いカヌーは、大海原の中で命取りになりかねない。予想できない海のうねりに備えて、カヌーの重量は慎重に決めていかなくてはならない。1978年の航海で、カヌーの片側に海水が入ったホクレアは、バランスを崩し転覆。レジェンドサーファーだったエディ・アイカウの命が奪われた。同じ過ちは二度と繰り返せない。

ホクレアの隣には、今回の航海のために新たに造られた航海カヌー、アリンガノ・マイスが、同じように出航の時を待ちながら静かに海に揺れている。このマイスは、ミクロネシアまでホクレアと一緒に航海し、そこで伝統航海術師、マウ・ピアイルグに捧げられることになっている。

ホクレアが伝統航海術を使って、初航海に挑んだのは1976年。当時、星や波や風を読みながら、大海原の向こうの島々へと自由に行き来する航海の伝統は、もう何百年も前にハワイから完全に失われていた。

南太平洋に残るカヌーの記録を頼りに、航海カヌーそのものは復元できたものの、肝心の伝統航海術を知る人は、ハワイはおろかポリネシア中を探しても、誰一人として残っていなかった。

そんなハワイの人々に手を差し伸べたのが、マウだ。マウは慣れない北太平洋の航海を引き受け、ハワイから3千キロの海の向こうに浮かぶタヒチへと、ホクレアを見事に導いた。その後もマウは、航海術をハワイの人々へと受け渡しながら、失われた伝統再生の道を支え続けてきた。

そのマウの故郷、サタワル島へホクレアで向かうことは、これまでホクレアに関わってきた誰もの夢だった。かけがえのない師、マウへの航海。誰もが父と慕うマウに、敬意と感謝の意を示すため、マイスはホクレアと並んでミクロネシアを目指す。

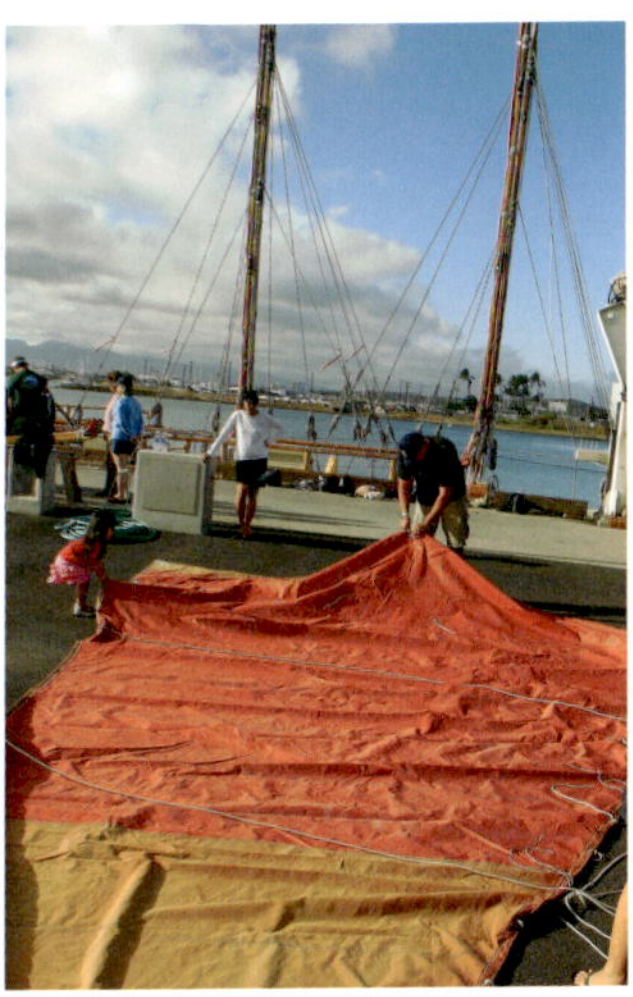

2 蘇る古代の叡智

夜になると、月明かりの下、「アイハア」の練習が始まった。「アイハア」は目指す島に到着した時に、自分たちが何者であるかを伝えるためのチャントだ。ホクレアがどうやって生まれ、どんな海を越えてきたのかを、力強く詠い上げるそのチャントは、ホクレアが誕生した時からずっと伝え継がれてきた。

練習の合間に、長年ホクレアを支え続けてきたクプナ（長老）のひとり、カイノアと話をする。ホクレア初航海のクルーとして活躍したカイノアは、ただそこにいるだけで、まわりの空気まで穏やかにしてしまう。

「カナ、ハワイの辿ってきた歴史は、結局のところ誰もがみんな等しく同じ人間だってことを教えてくれるんだ。」

どこまでもやさしく深い眼をした彼はまた、ハワイアンがハワイアンであることに痛みを感じた時代を生き抜いてきたひとりでもある。

ハワイが数百年という歳月をかけて培ってきた自らの伝統を失いかけていたのは、そんなに昔のことではない。

もともと独自の言語や社会システムを持っていたハワイは、1778年にキャプテン・クックが来航して以来、西欧諸国からの不平等な扱いに翻弄され続け、1898年には、ついにアメリカに併合されてしまった。学校教育でハワイ語を教えることが禁止され、古典フラやチャントといったハワイの伝統文化も、どちらかというと野蛮なものとして社会的に評価されなくなっていた。培われてきた伝統は失われかけ、ハワイアンは自分たちの文化にどこか劣等感を抱きながら暮らしていた。

ホクレアが誕生した1970年代は、そんなすっかり歪曲されたハワイ文化を見直す動きが始まりかけた頃だった。伝統航海術を使ったホクレア初航海の成功は、ハワイの人々の魂を大きく揺さぶり、沸き起こる伝統文化再生の力強いシンボルとして多くの人々に希望を与えた。

一度きりで航海を終えるはずだったホクレアは、その後も次々と航海を続け、ニュージーランド、マルケサス、トンガ、クックアイランド、とかつて祖先が巡ってきたであろう潮路を、辿り続けていく。

ホクレアはその訪れる先々で、人々の心を捉え続けた。訪れたポリネシアの島々では、次々と伝統文化の見直しが始まり、伝統航海カヌーの建造や若い世代への航海術の伝承も始まっていった。95年には、そうして生まれた航海カヌー5艘が一堂に集い、タヒチからハワイへの伝統航海を実現させた。初航海以来、太平洋に散らばる島々を次々と見出してきたホクレアの総航海距離は、地球を5周近くするほどにまでなっている。

3 ホクレア、日本へ

30数年にわたる奇跡的な航海を通じて、かつて自分たちの祖先が、ポリネシアの島々を自在に行き来できたことを、十分証明し終えたホクレアは、次なる水平線を見つめていた。自分たちの文化圏を超えて航海を続けたい。ハワイの人々はそう願い始めていた。そんな彼らが次に目指すべき場所として最初に思い描いた島、それが太平洋の隣島、日本だった。

楽園ハワイ、と海外リゾートの代名詞のようになるずっと昔から、日本とハワイには意外と知られていない強い結びつきがある。ハワイに渡って私がまず驚いたのは、どこから見ても日本人なのにペラペラと英語を話す、ハワイ生まれハワイ育ちの日系人の多さと、彼らがハワイ社会の中で果たす役割の大きさだ。

ハワイに最初の移民が渡ったのは1860年代。夢の島を思い描いて海を渡った日本人移民たちは、その期待とは裏腹の過酷な労働や社会的な差別に苦しみながらも、日本に残した家族を思って、必死に働いた。

1941年、日本軍によるハワイ真珠湾爆撃と、太平洋戦争の勃発で、日系人たちは、さらに厳しい状況へと追い込まれる。若者たちはアメリカ軍の一員として戦場へ向かい、ハワイに残した家族の待遇を心配して、アメリカ人が躊躇する危険な前線にも進んで志願した。

様々な試練を乗り越えながら、やがて日系人たちは、ハワイの政治、経済、文化の発展に大きく貢献していく。現在、ハワイの人口の約2割近くは日系人だ。日本の文化や習慣は、日系人の間ばかりでなく、ハワイの社会の中にも、すっかり定着している。8つあるハワイの島どこに行っても、たくさんのお寺や神社があって、夏ともなれば、毎週のように開かれる「盆ダンス」で大きく賑わう。誰もが箸を使いこなすし、bento（弁当）やmusubi（おむすび）はローカルたちの定番だ。空手や合気道、柔道は子供たちに人気の習い事だし、第二外国語としても日本語が一番好んで選択されている。

日本へ向かう航海には、ひとつ大きな問題があった。ホクレアがかつて経験したことのない日本の南、北西太平洋の海域は、一年のうちに台風の発生しない時期がない。それは、動力を持たず、風の力だけで進むホクレアにとって、これまでにないリスクを抱えることを意味していた。リスクが大きければ大きいほど、それを越えるだけの力強い目的が必要になる。なぜ日本に向かうのか、その問いかけは、くり返しくり返し投げかけられた。

「Kapu Na Keiki」

ホクレアの後ろには大きくそう刻まれている。「Kapu」は神聖な、「Na Keiki」は子供たち、という意味のハワイの言葉だ。

「子供たちは神聖なもの」その子供たちに、何を伝え、何を残していくのか。そんな問いかけを続けながら、この地球を受け継ぎ、未来を生きる子供たちのために航海をしていくこと。それがホクレアの航海。日本への航海もその例外ではない。

大海原の中、見えない島を目指して、何を頼りに進むのか、何を信じて進むのか。ホ

クレアは、星を知り、海を知ることを越えて、自分自身を知ることを教えてくれる。自然とひとつになって生きる道を教えてくれる。

文化的なつながりを辿ってきたこれまでの航海から、ひとつ次のステップへと進む日本への航海。テーマは、「One Ocean, One People」に決まった。

「ひとつの海でつながれた、ひとつの民」このテーマをもとにホクレアは、まだ見ぬ水平線を目指して、帆を開く。

4 マウへの航海

2007年1月19日、ホクレアとマイス、ハワイ島カワイハエ港出航。2艘のカヌーは、夕焼け色に染まる空に包まれながら、歴史を刻む第一歩を踏み出した。

日本へ向けての5ヶ月の航海は、ハワイ島を起点に、まずはミクロネシアのサタワル島へ、そしてそこから沖縄へと向かう。旅の前半、ミクロネシアへの航海は、「Ku Holo Mau」と名付けられた。ハワイの言葉で、「マウへ向けての航海」という意味だ。日本に向けてのクルーの私は、サタワルまでは伴走船に乗って航海を見守ることになった。

私がミクロネシアに向かうのは、これで二回目になる。

今から6年前、ハワイでしばらく航海術を学んだ私は、ミクロネシアにマウを訪ねた。見渡す限りの海に囲まれた、電気もガスも水道もない小さな島。自然のリズムと共に、当たり前のことが当たり前のままある島の暮らしの中、星のこと、波のこと、風のこと、海の生きものたちのこと、マウの語る壮大な叡智に、私はただただ圧倒され続けた。海辺のメンズハウス（島の人々が集う屋根付きのオープンスペース）に座るマウの周りには、毎日のように大きな人の輪ができ、彼の話に耳を傾けた。けれどその輪にいるのは、ほとんどが40代かそれより上の世代。島の若者たちは、輪に加わって航海術を学ぼうとはしない。彼らは、ガンガンと音を張り上げるカセットレコーダーを肩に担ぎながら、メンズハウスを横目に、通り過ぎていく。その目には、自分たちの伝統に対する敬意のかけらすら見ることができなかった。閉ざされた島の中で、彼らが興味を持つのは、より〝進んだ〟外の文化。生活のすぐ隣にある伝統航海の文化は、彼らにとって、これといって特別なものでも、価値あるものでもなかった。そんな若者たちをマウはどんな思いで見つめていたのだろう。

「ミクロネシアから航海術師が消えていく。」

マウはある時、ハワイの人々にそう告げた。モーターボートやGPSなど、便利な道具が手に入るようになればなるほど、伝統航海術を使って海に出る人も、そこに価値を見出す人も減り続けていた。

ミクロネシアにも若者たちに伝統航海を伝えるための航海カヌーがあれば、マウはそう願っていた。その願いを受けて造られたのが、今、ホクレアと共にミクロネシアを目指し、大きく帆を広げて進む「アリンガノ・マイス」だ。

カヌーをデザインするところから、資金集めまで、5年という歳月をかけて、すべてがボランティアの力で創り上げられていった。

「アリンガノ・マイス」は、マウの故郷サタワル島の言葉で、「風に吹かれて落ちたパンの実」という意味。風に吹かれて落ちたパンの実は、誰のものでもなく、すべての人で分かち合うもの、というサタワルの習わしにちなんで、マウが付けた名前だ。

5 心の中の島

ホクレアとマイスは、ジョンストン環礁、マジュロ、ポンペイと寄港した後、チュークに到着。ここからいよいよマウの故郷、サタワル島を目指す。

二艘のカヌーは、薄曇りの海を走り続けている。チュークを出てからというもの、太陽はほとんどまともに顔を出してくれていない。太陽はきっともう高く昇っているのに、空はいつまでも暗いままだ。

風が止まり、むっと湿気が上がったかと思うと、とうとう雨も降り始めた。強い雨がデッキを激しく打ち付ける。

伝統航海術にとって、一番の頼りになるのは、星や太陽のような天体の動き。その一番の頼りが、ほとんど見えなくなってから、もう4日になろうとしていた。目指すサタワルは、サンゴ礁でできた真っ平らな島だ。山も丘もなく、一番高いのはヤシの木かパンの木くらい。大きさも1平方キロと点のように小さい上に、まわりに目印になる島らしきものも何もなく、すこし間違えればすぐに見すごしてしまう。

確かな頼りがほとんどないこの航海は、ナビゲーターのナイノアにとって、師を前にした最後のテストともいえるのかもしれない。伝統航海術を受け継ぎ、30年という時を経て、水平線の向こうに師の待つ島を見出そうとしているナイノアは今、どんな思いでホクレアを導いているのだろう。

「心に島が見えるか」

水平線の彼方に沈む島を、心の中に強く思い描き、それを決して失うな。それはマウからナイノアへの航海術の最後のレッスンだった。

広大な海に身をまかせ、ありとあらゆる自然の声に耳を澄ませながら、見えない島へと進む伝統航海術。目指す場所を、心の中にありありと思い描くその力は、単なる航海術の技術としてばかりでなく、先の見えない航海の中で人々のこころを支え導く力となってきた。

激しい雨があがった後も、どんよりと重い雲は相変わらず空にのしかかったままだ。あたりには見渡す限り、灰色の海が広がっていた。と、その時、

「見て。」

サタワル島出身のアタリロが、遠く水平線を指差して言った。その視線の先に、じっと目を凝らす。見えた。水平線にうっすらと細く横たわる島。サタワルだ。遠くかすかに、でも確かに。ホクレアとマイスは、まるでサタワルにぐいぐいと引き寄せられていくかのように、スピードを増し始めた。師から弟子、弟子から師へ、３０年という学びのサイクルが今、ひとつの輪をなそうとしている。遠くかすかだった島影は、驚くほどの早さで、はっきりと輪郭をなした島の姿へと変わり始めていた。

6

はじまりの島 サタワル

ハワイを出てから56日目、サタワル島沖で一夜を過ごし、朝を迎える。島の向こうの空から朝日が昇り始め、闇とひとつになっていた島の輪郭が、少しずつその姿を見せ始める。ちょうどサタワルの真ん中から昇る太陽が、島を芯から照らし出し、空へ向かって光の筋が真っ直ぐにのびていく。島のかたわらに錨を下ろした二艘のカヌーも、朝の光に照らされて眩しく輝き始めた。

島は生い茂る緑に覆われ、その緑を縁取るように真白なビーチが続いている。浜辺には、ぽつりぽつりと大きな茅葺き屋根が見える。

どこからともなく、かすかな歌声が聞こえてきた。甲高く明るい歌声。目を凝らすと、ずっと向こうの浜辺に大きな人だかりが見える。歌声はそこから来ているようだった。

空がすっかり明るくなった頃、島からボートの出迎えがやってくる。

〝Welcome to Satawal,《サタワルへようこそ、》 Nainoa Thompson《ナイノア・トンプソン》 and《そして》 all of you voyagers《ともに航海してきたみなさん》〟

そう書かれた横断幕を掲げた小さなボートが、私たちの周りをぐるぐると回る。ボートの上からは、島の若者が、大きなホラ貝を吹いては、はにかんだ笑顔で、手を振っている。

迎えのボートを下りて、どこまでも透明な水に膝まで浸かりながら島に上陸すると、きらきらと眼を輝かせる子供たちの笑顔が飛び込んできた。子供たちの向こうには、たくさんの女性たちが並んでいる。若い娘たちからおばあさんまで、海辺から島の奥に向かって大きな列をつくって、ゆったりと左右に揺れて踊りながら、私たちに歌いかける。身体中に黄色い粉を塗り、頭や胸には、みんな思い思いの花を纏っている。日が昇り始めた頃から聞こえていたのは、彼女たちの歌声だったのだ。もう一時間近くもこうして歌い続けていてくれていたんだ。ありがとう、と感謝の思いが溢れてくる。はち切れんばかりの笑顔とどこか甘い香りがそこら中を満たし、あたりいっぱいが、きらきらとした光に包まれているようだった。

さらに進むと、こんどは男性たちが列をつくっている。ひとりひとりに手を差し伸べられ、ひとりひとりと手を取りながら進む。絵の具の色を全部出してきたような色鮮やかな出迎えのアーチは、島の奥のメンズハウスへと続いていた。

どっしりと分厚い屋根と大きな柱に守られたメンズハウスに一歩足を踏み入れると、そこには、一瞬時間が止まったように静かで厳かな空気が流れていた。正面に長老たちが並び、その一番奥には、懐かしいマウの姿も見えた。彼らもまた身体を黄色く塗って、顔にオレンジ色の印を入れている。私たちはそのひとりひとりの前に座り、挨拶をかわしていった。握手する手はみな、ごわごわと固く力強い。太陽の下、土に触れ、海に触れて生きてきた彼らの毎日が、そのまま映し出されているようだった。長老のひとりは眼が見えず、私の手をしっかりと確かめるように、両手でやさしく包んでくれた。

「よく来てくれた」その手から彼の思いがまっすぐに伝わってきた。

クルー全員が長老に挨拶を終え、メンズハウスのなかに大きく輪になって座ると、出迎えの儀式が始まる。

「今、息子たちが、こうしてサタワルまで航海カヌーを運んできてくれた。長い夢だった航海カヌーを造り、ここまで運んでくれた。」

一言一言確かめるように、マウが静かに語る。

「私たちにはそれに返すものが何もないが、そのかわりにここまで成長した航海術師たちに、ポゥを授けたい。」

ポゥというのは、十分な知識と経験を積んだ航海術師たちに授けられる、大きな意義をもつ称号だ。ミクロネシア以外の人にこの称号が授けられるのは、長い歴史が始まって以来のことになる。

「航海術師として生きることは、奉仕の道を歩むこと。」

マウの言葉はいつもシンプルで力強い。ポゥの称号を受けた航海師には、新しい責任が求められる。それは、自らの知識や経験を、自分以外の誰かのために使うという責任。サタワル島で航海術師になることは、星を知り、海を知るだけではなく、強くしなやかな心と精神を持ち、他の誰かのいのちを担う存在としての責任を果たしていくということだ。

マウは、ハワイの航海術師たちにポゥを授けることで、彼らが新たな責任を受け入れるレベルに達していることを伝えようとしている。

ココナッツの葉で編まれた皿がひとりひとりに手渡され、そこに大きなタロイモとパンの実がのせられた。「島の食べものを食べたら、島に受け入れられたということです」そんな言葉を受け、私たちはその島の恵みをゆっくりとかみしめた。

7 受け継がれるもの

２日間にわたるポゥの儀式がさっそく始まる。儀式では、ハワイの航海術師５人に加えて、ミクロネシアの航海術師１１人にもポゥの称号を授けられることになった。ポゥの儀式は、サタワル島では５０年以上もの間行われてこなかった。サタワルで最後にポゥの称号を受けたのは、若き日のマウだという。

昨日の夜、土方《ひじかた》久功《ひさかつ》の書いたサタワル滞在記『流木』を読んだ。１９３０年代、宣教師が入る前のサタワルに一年間滞在した彼が、島での生活を克明に記録したその本には、ほんの少しだけポゥの儀式についても触れられていた。当時、ポゥは秘儀だったため、ポゥを授かるもの以外は、儀式を見ることも許されず、本の中でも記述は儀式の一日目に祝いの料理の準備をする部分だけにとどまっている。体を黄色く塗り、男女競い合って、歌を歌い、笑い転げながら、料理する人々——。そこに描かれた80年近く前のサタワルでの光景は、今、まさに自分の目の前で繰り広げられている光景そのものだった。高らかに歌い踊る人々に囲まれながら、遥か遠くの時間へと引き込まれていくようだった。

準備の進む村を歩くと、どこの家も玄関の前にたくさんの花を集めて、楽しそうにおしゃべりしながら、せっせとレイを作っている。島の人はみんな、本当に手先が器用だ。たくさんの花を絶妙に組み合わせな

がら、まるでひとつの芸術品のようなレイをすいすいと編み上げていく。

海辺では、男性たちが儀式の場になるメンズハウスを清め、床にヤシの葉で作ったマットを敷き詰めている。昨日まで、がやがやと賑わっていたメンズハウスが、どこか神聖な空間へと変わっていく。

島の人々はすでに儀式のために、色とりどりの花で着飾り、メンズハウスの後ろにはたくさんの女性たちが集まっている。彼女たちがここで、儀式に参加する者たちの「着付け」をしてくれるのだ。真っ赤な腰巻きをした16人の航海師たちの首から胸、背中いっぱいに、黄色いターメリックの粉がたっぷりと振りかけられる。額と頬

には、オレンジの印が入れられていく。胸にはビーズで織られた美しい首飾りと緑のレイ。頭には色鮮やかな花飾り。赤い腰巻きの上には、島で織られた腰布が当てられ、そこに白と黒の帯が巻かれていく。真っ黒に日焼けした航海師たちは、すっかり見違えるようになった。

儀式に立ち会う私たちクルーも、同じように飾り立てられていく。

ターメリックのほのかな香りが、辺りいっぱい包みはじめていた。

鮮やかに着飾られた航海術師たちが、メンズハウスに集う。女たちが、メンズハウスを囲んで座り、高らかに歌い始める。航海術師たちがマウの前に輪になって座ると、歌声が、さらに大きくなる。やがて歌が止み、メンズハウスは静けさに包まれた。マウが航海術師をひとりひとり自分のもとに招き、イニシエーションが始まる。

マウは絶え間なく何か呪文のようなものを唱えながら、ひとりひとりの額と胸にオレンジ色の粉を塗っていく。それは航海術師たちに、正しい意志と正しい精神を吹き込むためのものだという。

16人全員に印が入れられると、今度はまたはじめのひとりを招き、ハーブの葉で身体をさする。さらに、カヌーをかたどった葉の首飾り、イヴァという鳥の羽とココナッツの実、ブレスレット、と象徴的な飾りが次々と航海術師に授けられていく。

ポゥを授けられた航海術師は、海の上ばかりでなく、陸にいる時も、リーダーとして責任を担うことが求められる。絶海の孤島サタワルで、航海術師たちは、自らのいのちをかけて、外洋へと漕ぎだし、島の暮らしを支えてきた。そうして島を支えながら生きることへの決意が、ポゥの儀式を通して師から弟子へと幾世代にも受け継がれてきた。現代という社会の中で、他のいのちを支えて生きるとは、どういうことなのだろう。伝統航海術を受け継ぐことに、新たな意味が加わろうとしている。真の航海術師への道、ポゥの儀式には、人とのつながり、自然とのつながり、いのちのつながりの中で生きるサタワルの心が映し出されているようだった。

8

そのさきの海へ

サタワルとの別れの日。島の子供たちは、メンズハウスから小さなアウトリガーカヌーを引っ張りだして、リーフの向こうに錨を下ろすホクレアとマイスへと漕ぎだしていく。3人乗ればいっぱいの小さなカヌーに、沈みそうになるほどの子供が乗り込んで、棒のように細いパドルでせっせと漕ぎながら、次から次へと沖へと向かっていく。ホクレアとマイスの周りはあっという間に、そんな子供たちでいっぱいになった。嬉々とはしゃぐ子供たちのはちきれそうな笑顔が、明るく輝く海に映える。

サタワル島での時間は、すべての物語の「はじまりのはじまり」の中で過ごす時間だった。ハワイの歴史を変えた壮大な物語の、はじまりのはじまりが、このミクロネシアの小さな小さな島にあった。そこには自然とひとつになって生きる人々の姿があり、途切

れることなく続いてきたいのちのつながりがあった。太平洋中の島々に大きな力を与え続けてきた航海術の叡智は、この空の下、この海で、この自然の中で、幾世代もの時間をかけて育まれてきた。ここは海とひとつになった人々が生きる場所。すべてのはじまりには、決して揺るぐことのない芯があった。島にいる間中、神話の中に舞い込んだような不思議な感覚が、私を包んでいた。

数限りない人々の思いに支えられながら、30数年の航海を続けてきたホクレアの旅路は、そのはじまりの島、サタワルでひとつの大きな区切りを迎えた。そして今、このカヌーはその水平線を拡げるため、次なる島、日本に向けて帆を開く。

第2章　星の航海術、日本へ

1　嵐の道すじ

日本へと向かう第二の旅は、サタワルの西、ヤップ島から始まる。

ヤップ島で迎える最初の朝、海へとつながる運河のほとりの小さな宿で、日の出前に目を覚ます。遠くの空が、やわらかな朝の光で静かに明るくなり始めていた。ここまで旅をしてきたクルーとこれから旅をつなげていくクルー、そこに伴走船のクルーを合わせた総勢三十名を超えるクルーで宿は貸し切り状態だ。それぞれがそれぞれの思いを持ってこの場所に集まっている。その思いをひとつにするために、その朝、ミーティングが開かれることになった。

これから始まるのは、北緯9度のヤップ島から、北緯26度の沖縄まで、約2千キロにわたる航海。どのようなコース取りで進むのか、風や波、潮流はどのように影響してくるのか、どうやって沖縄を見出していくのか。ナビゲーターのナイノアは、彼が頭の中で描いてきた戦略を、ひとつひとつ私たちに語りはじめた。

計画ではまず、ヤップ島から北北西に向かって北上し、沖縄の東120マイルの地点を目指す。ハワイのスターコンパスでいうナレオ・コオラウの方角、真北から約20度西へ向かう方向だ。緯度を細かく確認しながら北上し、北緯26度で針路を西へと変えて、水平線上に島の姿を探していく。それはとてもシンプルで分かりやすい戦略だった。

ヤップ島から沖縄へと私たちが辿る道。机の上に広げられた計画図の上、北へとまっすぐに伸びる一本の線を見つめながら、そのまわりに広がるまだ見ぬ海を思うと、胸が高鳴った。

沖縄を見出すための戦略をひととおり話し終えると、ナイノアは私たちひとりひとりを見回しながら、この航海が抱えるリスクについて話し始めた。今回の航海の舞台となる北西太平洋は、一年を通じて台風の発生する海域で、ホクレアがそのような海域を航海するのは、今回が初めての試みになる。

「過去32年間の航海で、今回の航海が最も危険なものかもしれない。」

ナイノアはこの計画が立ち上がって以来、度々そう口にしてきた。台風のような大型の低気圧は、海の上にねじれるような風と波を生み出す。一方向からの風や波にはかなりのところまで耐えきれるホクレアも、このねじれる風や波にどこまで耐えきれるかは誰にも分からない。

机の上に、過去数十年の台風の発生頻度を示す統計図が広げられた。3月、4月、5月、と発生頻度は少しずつ上がっていく。6月、7月の図は、夥しい数の台風の発生を示す線で、びっしりと埋まっていた。

私たちは、そういう海に向かおうとしているのだった。

「この航海の中で、僕らはきっと嵐に遭遇する。嵐に遭うか遭わないかは、〝もし〟の問題ではなく、〝いつ〟の問題なんだ。」

ナイノアは、私たちにそう語りかけながら、そんなリスクを理解し、受け入れることができるかどうか、ひとりひとりが自分自身に問いかけるように言った。

私は3年前の航海のことを思い出していた。ハワイからミッドウェイに向けた21日間の航海。もうその日中にはミッドウェイに辿り着くだろうという日の朝、私たちは大きな嵐に遭った。ぐんぐんと強さを増す風の中、十数メートルあるマストよりも、はるかに大きなうねりがホクレアの後ろに迫ってくる。強い風に煽られた雨が、針のように顔に突き刺さって、目をまともに開けることすらできない。ホクレアは巨大なうねりの間で、前後に大きく揺れながら翻弄されていた。

「帆を閉じよう。」

キャプテンの決断に、クルーがそれぞれの位置に着く。私は帆をしぼるためのトライシングラインと呼ばれるラインを引く場についた。普段はほんの少しの力で引くことのできるそのラインに、ものすごい力がかかっている。下に引こうとすればするほ

ど、逆に私の体の方が持ち上げられていった。全体重をかけて下に引き下げても、ぐいぐいと上へと引っ張られ、足の先がなんとか甲板についている状態。そのまま手を離さなければ、体ごと、今にも吹き飛ばされそうだった。でも手を離せば、帆が暴れて取り返しのつかないことになる。

荒れ狂う風と波と雨で、あたりは轟音が響き渡っていた。

もうひとりでは無理かもしれない。

そう思ってまわりを見回した。そこには、大きな波しぶきをかぶりながらも、慌てふためくことなく、それぞれの役割をこなすクルーたちの姿があった。圧倒的な自然の力と闘うのでもなく逆らうのでもなく、それをただ静かに受け入れ、自分のできることにまっすぐ力を注ぐ姿。混沌としているはずのその場所には、不思議な静寂があり、それが一瞬のうちに私を包み込んだ。

「きっと大丈夫。」

どこからか強い安心感が溢れ出す。そうして気が付くと、帆は無事にたたまれ、私は静寂の中から再び、轟音と刺すような雨の中に戻っていた。

あのどうしようもないはずだった時を思い出せば思い出すほど、そこにあったのは、静かに流れる時間だった。カヌーに迫ってきていたあの巨大なうねりや荒れ狂う暴風を思い返すと、自然の圧倒的な力に、今でも思わず身のすくむような思いになる。それでも、あの時感じた不思議な静寂と安心感は、確かにそこにあった。

ホクレアに刻み込まれた歴史と経験、共に旅するキャプテンやクルーへの信頼、そしてホクレアをここまで導いてきた何か大きな力。ただがむしゃらに危険を冒して挑戦することとは、根本的に違う旅。このカヌーで航海することへの絶対的な安心感は、あの日以来、どんな時も私の中で決して揺らぐことがない。

沖縄への航海に、どんな海が待っているのか、私たちに知るすべはない。台風から逃れられる保証もない。できる限りの準備はした。後は自然が私たちに与えるものを受け入れ、ただ逆らわずに進むだけ。心に迷いはなかった。

2 風を待つ

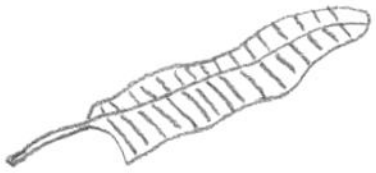

ヤップ島入りしてから3日目の朝。赤道近くで発生した低気圧を避けるために、出発は一日、また一日と延期されていた。低気圧がそのまま台風に発達する危険性はないか、あちこちから送られてくる天候の情報を見比べながら、出発の是非が、毎日慎重に見極められていく。

ホクレアは、もういつでも出航できる準備が整っている。ハワイからここまで、すでに約8500キロの海を渡り、少し疲れ気味だったカヌーも、帆を付け替えたり、細かい部分を直したり、あちこちゴシゴシ磨いたりするうちに、すっかり生まれ変わり、出発の時を今か今かと待っているようだった。

島の人々は、なかなか出航できない私たちを、むしろ引き止めるようにやさしく見守ってくれていた。もう少しここにいられるのなら、せっかくだからパーティーを開こう、そう言って彼らは、クルー全員を島の一番北の端にある小さな集落に招いてくれた。小さな子供たちから長老まで、たくさんの島の人々が集まり、バナナの葉が敷き詰められたテーブルには、タロイモやパンの実やココナッツで作った愛情こもった島の手料理が、所狭しと並べられていた。

未知の航海に出る者たちと、それを見送る者たち。そこには歌があり、踊りがあり、たくさんの笑顔と笑い声があった。そんな平和で温かな空気に包まれた時間の中でも、ふと目の前に広がる海に目をやると、自分たちがこれから向かおうとしている先のことを考えずにはいられなかった。この海の向こうに沖縄があり、自分たちは今、そこに向かって

出航しようとしている。それはなんだか、あまりにも現実離れしていることのようにも思えて、気が遠くなりそうだった。

宿に戻ってから小さなミーティングが開かれ、出発をもう一日延ばすという決定が伝えられた。待つことへの覚悟はできているものの、じわじわと延びる出航は、やはり少しストレスになり始めていた。決して口には出さないけれど、それは誰もが感じ始めていたのだと思う。ナイノアはそんな私たちを察してか、ひとりひとりを見渡しながら言った。

「出航を待つこの時間を、静かに自分自身に向き合う時間に使ってほしい。自分がなぜここにいるのか、もう一度ゆっくり振り返りながら、自分のクレアナ（責任）を思い起こしてほしい。」

実際、航海の前に、静かな時間を持てることは、とてもありがたいことだった。この航海の持つ意味の深さを思えば思うほど、これから始まる日々に、自分の持つすべての感覚を使って向き合いたいという思いが、揺るがないものになっていくのが分かった。

3 出発の朝

ヤップ島入りしてから5日目の朝。目を覚ますと窓の外はまだ薄暗く、向こうに広がる海が、静かに揺れながら朝の訪れを待っていた。
昨日の晩、低気圧は無事に島の沖を過ぎ去っていった。とうとう出発の時が来た。

「今日の午後、出航する。」

朝のミーティングで伝えられたその決断に、気持ちがすっと引き締まった。宿の荷物をまとめ、ホクレアの待つ港へと急ぐ。
島の子供たちが学校に行く前に見送りに来てくれた。軽トラックの後ろに乗って港に駆けつけた子供たち。昨日までキャッキャと騒いでいた彼らも、今日はなんだかしおらしく、少しはにかんだ笑顔でぎゅっと抱きついてきた。今度会う時には、きっともう驚くほど大きくなっているんだろう。どんなに世界は狭くなったといっても、ここはそう簡単に戻って来られる場所ではない。またね、と掛けあう言葉が、何だかずっと切なく感じた。

昼過ぎになって、突然スコールのような雨が降り始めた。激しく叩き付ける雨は、まるで出発前のホクレアを隅々まで洗いあげてくれているようだった。

雨の過ぎ去った港で、クルーが手を取り合い、これから始まる航海への祈りを捧げる。伴走船のクルーと見送りに集まったヤップ島の人々も加わって、大きなひとつの輪ができた。祈りの言葉に耳を傾けながら、つないだ手と手をつうじて、そこにいるすべての人の心がひとつになっていくのを感じた。これから一体どんな旅が始まろうとしているのだろう。

期待と緊張に揺れる心に、ハワイのチャントがやさしく響いた。

4月12日、午後2時50分、ホクレアはヤップ島を後に沖縄へ向けて出航。激しく

叩き付けた雨は、やさしい雨へと変わっていた。港のある湾を抜け、北を目指して進む。少しずつ、少しずつ、ヤップの島影が小さくなっていく。島を囲むサンゴの海の輝きを反射して、あたりの雲はみんな明るく淡い青に染まっていた。

この数日間、島から見つめ続けた海に、今、自分たちはいる。旅がとうとう始まった。けれどこの旅はもうずっと前に始まっていたのかもしれない。ここまでの道、これからの道、ずっとつながっている。

やわらかな雨はそのまま降り続き、最初の夜が訪れた。分厚い雲は少しずつ薄れ始め、夜半過ぎには、いくつか星も見えるようになってきた。針路は北北西。スターコンパスのナレオとハカの間へ向けて進む。行く先には北斗七星が輝き、後ろを振り返れば南十字星が明るく輝いている。南十字星の横には、大きくさそり座が横たわる。その昔、ハワイの英雄マウイが、大きな魔法の釣り針を使ってハワイの島々を釣り上げた、という伝説にちなんで、ハワイではさそり座のことを「マウイの大釣り針」と呼ぶ。天空に横たわるその大きな釣り針のカギの部分には、ゆったりと天の川が流れ、その流れを東へと辿っていくと、こと座のベガ、白鳥座のデネブ、わし座のアルタイルの夏の大三角形

が見つかる。どれも航海術にとって、とても大切な星たちだ。

夜が更けるにつれて、帆にあたる風が少しずつ弱まってきた。雨雲が湿った空気を吸い上げて、空に壁を作り、風を遮っているんだ、とナイノアが言う。夜中の2時過ぎ、ゆっくりと月が昇り始めた。もうそろそろ新月に近いほど細い三日月だ。それでも街灯りのない海の上では、驚くほど明るい。その月明かりが東の空全体をやわらかく照らし出すなか、私たちはゆっくりと、でも確実に日本へ向けて進み始めていた。

4 スターコンパス 星空の絵

昨日の夜から弱まり続けていた風も、朝日が昇る少し前から、勢いを取り戻し始めてきた。

朝日の位置を見ながら針路を調整していく。向かう先は、スターコンパスのナレオ・ホオルア。朝日はこの時期、スターコンパスのラ・コモハナから昇ってくる。これから夏至の日まで、朝日が水平線から昇ってくる位置は、毎日少しずつ北へと動き、それにあわせて日が少しずつ長くなっていく。

航海中はクルー全員が交代で、1日8時間ずつ舵を握っていく。私の担当は10時から2時で、朝の10時からと夜の10時からの1日に2回出番が回ってくる。ナビゲーターがどんなに正しい方角を示しても、カヌーがその方向に進んでいなかったら、目指す場所には辿り着くことはできない。そう思うと舵を取っている間中、決して気を抜くことができない。

星の見える夜の間は、それを手がかりにしながら舵を取る。星はいつでも確かな方角を教えてくれる頼れる存在だ。コンパスを持たずに海に出ても、彼らの姿さえ見えれば、しっかりと方角を知ることができる。航海に出る前に、220ほどの星の、水平線から昇る位置と沈む位置を覚えておく。それが、私たちにとってのコンパスだ。ちょうど水平線がコンパスの外枠で、カヌーがコンパスの中心にいる、という感じ。

けれど残念なことに、星々が姿を見せてくれるのは夜の間だけ。一日のうち半分は彼らの姿を見ることができない。それに夜の間でも、雲に覆われたり雨が降ったりすれば、あっという間に星は見えなくなってしまう。そんな時には、かわりに波の来る方向を見たり、遠くの雲の動きを見ながら舵を取っていかなくてはならない。これはなかなか難しい。

たとえば、波を使って舵を取る場合、ひと口に波の方向といっても、カヌーにあたる波はひとつの方向から来るわけではないので、まずいくつかの方向からくる波のパターンを読み取らなくてはならない。あちこちから不規則にやってくるように見える波にも、かならず大きなパターンがある。水面とほぼ同じ高さにいると、そこにパターンを見出すことはとても難しいけれど、たとえば飛行機に乗って空高くから大海原を見下ろしてみると、表面に大きなパターンがあることがよくわかる。ナビゲーターたちは、このパターンのことを海の〝表情〟と呼ぶ。朝、まだ太陽が低い位置にあって方角を示してくれる間に、波の動きをみながら、それぞれの波がどの方向から来ているのかを探り、この〝表情〟を読み取り、記憶していく。太陽が高くのぼってしまった後は、それを頼りに方角を導きだしていく。そうした波の方向だけを頼りにした舵取りは、かなり集中していないと、すぐに進む方向を見失いそうになり、その度に難しさを痛感することになる。

進む先の水面に、夥しい数の海鳥たちが舞っている。彼らの下に広がる海に大きな魚の群れがいるサインだ。案の定、カヌーが海鳥の大群の下に通りかかった途端、釣り糸に、次から次へと魚がかかる。釣り糸にルアーをつけて、カヌーの後ろから垂らしているだけなのに、カツオやシイラが次々釣り上がって、デッキの上は大忙しだ。一日に食べるに十分なだけ釣れたら、糸を引き上げて釣りは終了。

風が出てきた。4つの帆を張ると、ホクレアは風をいっぱいに受け止めて、ぐいぐいとスピードを増し始める。このスピードを保つことができれば、あと数日で、台風の危険の高い海域から抜けることができる。赤道近くの台風発生海域から、少しでも距離を稼ぐことが、これから数日の大きな目標だ。

日が沈むと、雲ひとつない夜空が広がる。水平線の際まで、星が輝いている。南十字星が、水平線からちょうど手のひらひとつ分の高さに見える。南十字星は、自分たちのいる緯度を知る大きな手がかりになってくれる。十字の形を作る4つの星のうちの一番下の星は、北緯0度の赤道の海では、水平線から27度の高さに見える。そして赤道から北へ上がれば上がるほど、その高さが低くなっていく。27度の高さは、私の手のひら約2つ分の高さなので、南十字星が今その半分の高さに見えるということは、もうそろそろ北緯13度のあたりにまで来ているということだ。今、自分たちが、コンパスも持たずにこの大海原を日本へと向かっていることが、まだ少し信じられない気持ちだった。

ハワイの航海術では、天空を5つのセクションに分け、それぞれのセクションにハワイの言葉で名前が付いている。たとえば、真ん中に三ツ星のあるオリオン座のまわりでは、星々が大きな半円を描くように並び、カヌーに溜まった水をかき出す水かきのような形に見える。オリオン座はちょうどその水かきの中にちょこんとある感じだ。そしてその水かきを見下ろすように、マカリイ（すばる）が輝いている。マカリイは伝説の航海術師の名前だ。マカリイが水かきを使ってオリオン座を掬い取っているように見えるこのセクションは、ケカオマカリイ（マカリイの水かき）と呼ばれている。

夜空に無秩序に散らばるように見える星たちも、こうしてつながりをつけ、物語を作っていくことで、ぐっと違うものに見えてくる。いくつかのセクションに分けながら星を覚えた後、それぞれのセクションをつなげていくと、すこしずつ星空全体が、大きなひとつの絵のように見えてくる。地球のまわりをぐるりと包み込む一枚の大きな絵。たくさんの物語が詰まった大きな絵が、天空をゆったりと巡っている。星空を一度そんな風に捉えられるようになれば、その絵の隅々まで知ることが楽しくなる。大きな一枚の絵のイメージを頭に染み込ませていけばいくほど、一箇所を見るだけで、絵の全体像が見えるようになる。

たとえば、空がほとんど雲で隠れてしまっていても、少しでも星の見える部分があれ

ば、他の星たちがどこにあるのか、すぐに分かる。水平線の向こうから、次にどの星が昇ってくるのか、地球の反対側ではどんな星空が見えるのか、そんなことも分かるようになってくる。

星はまた、私たちに時間を教えてくれもする。伝統航海術では時計も使わないので、時間は星や太陽の動きから割り出していかなくてはならない。星は、昇る位置はいつも同じだけれど、昇ってくる時間は毎日変わる。季節によって見える星が違ってくるのはそのせいだ。そんな星の動きを読むのには、4という数字がとても役立つ。星は毎日、前の日より4分早く水平線から昇ってくる。1ヶ月で2時間、半年で12時間早く昇ってくることになる。そして星が天空を1度動くのにかかる時間も4分。このことを知っているだけでも、時間を知る大きな手がかりになる。出発の日に、星が昇る時間を知っておけば、それからは時計がなくても時間を知ることができるのだ。星は、いつもたくさんのヒントをくれる頼もしい友のような存在だ。

5 銀河の中心

うす曇りの中、少しずつ朝日が昇っていく。日が昇るにつれて、うすい雲も晴れ始め、まっさらな空が顔を出した。今日は暑い一日になりそう。

朝の間は、太陽の位置を目印にしながら舵を取る。太陽が高く上がったあとは、波の動きや遠くに浮かぶ雲を頼りにしながら進む。「そろそろ東の空に月が出ているはずだ」とナイノアが言い、みなで一見雲しか見えない真昼の空に月の姿を探した。青く広がる空にじっと目を凝らしていくと、薄い雲と見間違えてしまうほどにかすかな月の姿が見えてきた。一度目を離すと、すぐに見失ってしまうほど薄い月。それでも、これからしばらくはこの月が、方角を知る一番の手がかりだ。

強い日差しの中、今日も4つの帆を張って前に進む。けれども風は昨日に比べるとずっと弱く、カヌーのスピードも少しずつ落ちてきた。

ヤップ島を出てから、まだ3時間以上続けて眠ったことがないままでいる。朝、空が少しずつ明るくなる頃に目が覚め、１０時から2時まで舵を取って、その後夕飯作りを手伝う。夕日が沈んでから少し眠り、また夜の１０時から2時まで舵を取る。それから少し眠って、ふたたび朝日が昇る前に自然と目が覚める。それでも不思議なくらい眠くならないし、疲れてもいない。できることなら少しも眠りたくない。星を読み、風を読み、朝焼けの空や、夕日に染まる海を見て、今、一歩一歩日本に向かって進んでいる。その瞬間をひとつも逃したくない、そんな気持ちだった。

昨日まで顔に生温かくあたっていた風が、今日は少し冷たい。私たちは確実に北へと進んでいる。カヌーのへりから乗り出して、カヌーが進むスピードを計る。スピードは、以外にシンプルな方法で計ることができて、カヌーの先端で生まれた水の泡が、カヌーの一番後ろにくるまで何秒かかるかを計り、それを決まった計算式に入れることで割り出すことができる。

そうして計ったスピードと、星や太陽から割り出した時間を使って、カヌーが一日にどれくらい進んだかを概算し、それを頭の中に記憶として積み重ねていく。その記憶が、この大海原で自分たちが今どこにいるのかを知る、唯一の手がかりだ。

日中の舵取りの担当が終わったので、クルーの休息場所であるバンクに戻る。ひとつ先のバンクには、ハワイ島から来たポマイがいる。バンクはひとりひとつずつ割り当てられているけれど、間に仕切りはない。ちょうどベッドひとつ分くらいの細長い部屋が、お互いにくっついている感じだ。ポマイとはいつも顔を付き合わせながら、たくさん話をした。ハワイ島のカヌー文化のリーダー的存在

だったクレイ・バートルマンの娘、ポマイは、もう10年近くもホクレアで航海を続けている、クルーみんなのお姉さんのような存在だ。彼女の父クレイは、ハワイ島で航海カヌー、ハワイロアを建造し、ハワイの文化と誇りを次世代へと受け継ぐ確かな基盤を築いた後、数年前に亡くなった。

話はいつしか、自分たちの父親のことになっていた。二人でそんな話をするのは初めてだった。ポマイにとっても、同じ頃に父を亡くした私にとっても、父の話をするのは特別なことだった。どんなに願っても決して戻ってはこない時間。なんてことないと思っていた時間が、どれだけ特別なものだったかということ。気が付いたら、涙が勝手にぽろぽろ流れていた。

「ハワイの私と日本のカナが、こうして同じカヌーで旅しているのを見て、きっと今頃、向こうは向こうで一緒になっておしゃべりしてるのかもね。」

ポマイのそんな言葉が、私を温かく包みこんだ。

夜、どこまでも澄み渡る空。今夜は星の濃さまでが増しているように見える。とりわけ南の空は、宝石箱を広げたようにたくさんの星々が光り輝いて、信じられないくらいに明るい。カヌーのちょうど後ろには、やかんのような形をした射手座が輝き、そのやかんの口から立ちのぼる温かな湯気のように、天の川が流れている。夜空にゆったりと流れる天の川は、このやかん形の射手座のまわりで、ひときわその明るさを増している。それは、射手座の方向に、銀河系の中心があるからだそうだ。私たちが住む地球のある銀河系は円盤のような形に広がっていて、その直径は約10万光年。地球から銀河系の中心までは、約2万8千光年もあるといわれている。そんな気の遠くなるような向こうにある、銀河の中心が今、確かに自分の目の前で明るく輝いているのを見ていると、意識が宇宙のずっと彼方まで引き上げられていくような思いだった。

北極星を頼りに舵を取るものの、すぐに雲に隠れてしまうので、ほかに頼りになるような星を探しながら進む。北斗七星のひしゃくの部分を辿っていくと、東から西へと大空を駆け抜けるように獅子座が輝いている。南十字星は昨日よりもさらに低くなった。「もう北緯13度は越しているはず」、とナイノア。この緯度まで上がって来れば、台風の恐れもだいぶ少なくなってくる。台風の兆しが見えればすぐにでも引き返す、と出発前に話していたナイノアも、このまま進むことに安心感を持ち始めているようだった。

6

鏡の海

朝起きると、海の表情が昨日とがらりと変わっている。昨日まであちこちから来ていた小さなうねりが、大きく定期的なうねりに変わり、北東と南東の二つの方角から、ゆったりとカヌーに当たってくる。

こうしてうねりの来る方角が分かるのも、空がすっきり晴れ渡っていて、星や朝日の昇ってくる位置がはっきりと分かるおかげだ。もし星も太陽も見えなかったら?水平線がみな雲に覆われてしまっていたら?そんな時に夜の間に変わってしまったうねりの方角を知ることができるだろうか。そう考えると、大海原をコンパスなしで進むことの難しさを思い知らされるようで、気が引き締まる思いだった。

水平線から燃えるように赤い朝日が顔を出し始めた。雲の隙間から真っ赤な光の筋がカヌーへとのびる。いつになく大きく見える朝日に、誰もが言葉を失っていた。朝日や夕日が、空高くにある太陽より大きく見えるのは、単なる目の錯覚だそうだ。試したことはないけれど、コインを掲げて大きさを比べれば、どちらも全く同じ大きさらしい。とはいえ、どんなに頭に訴えかけられても、やっぱりあまりにも大きく見えるので、驚かずにはいられない。

日が高くなるにつれて、あっという間に風が弱まり、カヌーのスピードも2ノットくらいになってしまった。2ノットというと1時間に2海里（約3・7キロ）進む速さなので、歩いているのと同じくらいの速さということになってしまう。

日差しがあまりにも強いので、カヌーの後ろの部分にタープを張って日よけを作る。ほんの少しの日陰ができるだけで、ずいぶん楽になった。

お昼近くになると、風がもうほとんどなくなる。4つの大きな帆は、風を受けきれずに、ぱたぱたと揺れ始めた。仕方なく帆を全部たたみ、その代わりにスピンセールと呼ばれる軽い帆をカヌーの一番前に取り付けた。今回の航海から使われ始めたこのスピンセールという帆は、薄くて軽く、わずかな風もしっかり捉えてくれる。追い風で進むのが苦手なホクレアにとって強力な助っ人だ。

スピンセールは、追い風を目一杯に受けて、しばらくの間、カヌーをぐいぐいと引っ張ってくれた。それでも風はさらにその勢いを失い続け、新兵器スピンセールでも捉えきれないくらい風が弱まってきてしまった。薄い帆は、無念にも、カーテンのようにだらりとカヌーの前に垂れ下がりはじめた。時折気まぐれに吹く風を受けながら、申しわけ程度に前に進んでいる、という感じ。


風はどんどん弱まり続け、気がつくと、海面の小さなさざ波さえも消え始めている。海の表面がガラスのようになめらかになってくる。夕暮れ前、風はとうとう完全に止まった。そして、ホクレアも完全に止まった。

見渡す限り、鏡のような海。空に浮かぶ雲が、そのままのかたちで海の上に映り、そんな海がずっと水平線の彼方まで広がっている。こんな海を見たのは生まれて初めてだった。

日が少しずつ暮れ始め、その鏡の海が、鮮やかな夕焼け色に染まり始めた。空も海もカヌーも、みんなやさしい茜色に染まっていく。魔法がかかったような時間が流れ、夢の中に舞い込んだような不思議な感覚に体中が包まれていく。

日の暮れた夜の海。バケツで海水を汲むと、夜光虫が星屑のように細かな光を放ち始めた。その光は、真っ暗な海の上、真夏の夜空高くあがる花火のように、大きく輪を描きながら、明るく鮮やかに広がっていく。

次から次へと光っては消える夜光虫たち。こんな大海原にも、しっかりと生命の営みがある。このカヌーの下の海では、人の暮らしから遠く離れた大海の生きものたちが、彼らのリズムで暮らしている。そしてそのさらに深くには、私たちがまだ見たことさえない深海の生きものたちが、私たちが想像もできないようなしくみの中で暮らしているのかもしれない。このどこまでも続く海の水がそんな生きものたちで満たされていると思うと、その生命の広がりに圧倒されそうだった。

クルーはみんな、それぞれのバンクに入って寝静まり、ナビゲーターのナイノアも、「何かあったら起こして」と言い残して眠りについた。夜の番を任された私は、カヌーの上にひとり残り、満天の星を見ながら過ごした。時折かすかな風が吹き、空に薄い雲

が生まれては消えていく。カヌーはゆりかごのように優しく揺れていた。太平洋の真ん中にぽつりと浮かんでいることも、日本へ向けての航海をしていることも、思わず忘れてしまうくらい、静かで平和な時間が流れていた。

空がすっきり晴れて、水平線の際まで星が見える。水があんまり穏やかで、星のひとつひとつさえも海に映っている。天空から海上まで、まるで３６０度星に囲まれているようだった。そのどこまでも続く星々の間に、私はこの小さなカヌーに乗って浮かんでいる。

遠くどこまでも続く星空をぼんやりと眺めていると、ふと自分のいるこの空間が、とてつもなく大きな宇宙に開けているような気がした。大いなる宇宙の広がりが、この海の表面にふれ、カヌーに触れ、そして自分自身にふれている。大きな宇宙に包まれていること、自分が宇宙の一部にいること。それが感覚として身体に直接伝わってくる。

塵のように小さくて、でも確かに存在する生命。私たちは、宇宙に開かれたこの空間の中で、小さなカヌーに支えられながら、確かに今、ここに生きている。

7 雲の影

東の空が少しずつ明るくなり始める。昨日の夜から変わることない、波ひとつなく穏やかな海。朝焼けに染まる空の色が、そのなめらかな海の上にゆっくりと映し出されていく。自然はまるで魔法をかけるように、毎日、毎日、思ってもみない美しさを私たちの前に差し出してくれる。誰のためでもなく、何のためにでもなく、ただそこにある美しさ。私たちがここにいなくても、誰が見ていなくても、同じように、繰り広げられていく美しさ。世界がどんなに慌ただしく動き続けていても、そんな瞬間は、きっといつだって、どこかの海で生まれ続けているのだろう。

カヌーの後ろに日よけを作って過ごす。何もしなくていい時間。それはとても贅沢な時間だった。チャッドが奏でるやさしいスラックキーギターに、ポマイの透き通った歌声が重なっていく。どこか懐かしいその響きが、穏やかな海とゆったりと調和して、私たちをやさしい気持ちにした。

午後になると、時折、ほんの少し風が吹くようになった。わずかの風も逃すまいと、3枚の帆を張ると、ホクレアは気まぐれに動いては止まり、また動いては止まり、を繰り返す。スティアリングブレード（進行方向をコントロールするパドル）を水から上げ、舵を取らずに、ただカヌーが風を受けて思うままに進めていく。

水平線をぐるりと見渡すと、東から南にかけての空は、雲ひとつなくすっきりと晴れ渡っている。向かう先の北の空には高い雲が見える。もう少し前に進むことができれば、風にもっと動きが出てくるのだろう。西の水平線には低く分厚い雲。雨と風を運

ぶ雲だ。夕暮れ、その西の分厚い雲の向こうに太陽が沈むにつれて、東の空になにやら大きな影のようなものが見え始めた。「西の雲の影が、東の空に映っているんだよ」ナイノアにそう言われて初めて、その大きな影が反対側の空から来ているものだと知った。その不思議な影もやがて、刻一刻と色を変える夕焼け空の中に吸い込まれて消えていった。

日がすっかり暮れた後も、海と空は静かなままだった。夜半過ぎになって、風がまた少し戻ってきた。舵は取らずに、風の赴くままにカヌーを進めると、早い時は4ノットほどのスピードがでるようになってきた。このまま風が戻ってきますように、祈るような気持ちで夜空を見つめた。今夜も降るような星空が広がっている。

8 航海術師の旅路

風が戻ってきたと思ったのもつかの間、東の空が明るくなるにつれて、風は瞬く間に弱まり始めてきた。針路を北西に取りながら、進めるだけ進む。2ノットがやっと、という感じだ。間もなくして、風はまたぴたりと止まってしまった。水面はふたたび鏡のように。風もなければ、雲もない。暑い一日になりそう。帆の代わりに、タープを張って、できる限りの日よけを作る。

太陽が昇るにつれて、直射日光がジリジリとカヌーを照りつけ始めた。バンクの中は、オーブンのように強烈な暑さで、みんなデッキの上に這い上がってタープの下の日陰に逃げ込んでいる。運動不足解消のために、ヨガやストレッチ、腹筋、腕立て伏せ、と考えられるだけの運動をこなす。

まったく動きのない海で、漂いながら過ごす時間。水があんまり透き通っているので、カヌーの周りに時おりやって来る、シイラやサワラの姿までもが見えた。一メートル近くある大きな身体が、青く輝きながら水面近くまで上がり、また深く深くへと潜っていく。この大海原で、彼らは毎日、一体どんな暮らしをしているんだろう。

まともに風が吹かなくなってから、3日目に入ろうとしていた。この無風状態がいつまで続くのかは、誰にも分からない。空のどこを見ても風の気配はなく、このまま一体どうなるんだろう、という思いが、時折浮かんでは消えた。

「伴走船を呼んで、この海域を出るべきがどうか、みんなの考えを聞きたい。」

クルー全員を集めてナイノアがそう切り出した。私たちはまだ、台風の海域から抜け切ったわけではなかった。前に進まず漂うことは、台風から逃げ切れなくなるリスクを受け入れることでもあった。

自然の力だけで進みたい、その思いはクルーの誰もに共通していた。どの眼にも迷いはなかった。自然が与えてくれるものを受け入れ、進んでいくこと。そのことへの決意を互いに確かめることで、クルーの思いがまたひとつになる。

私たちは、ただ待ち続けるしかない。けれど、その待つことのおかげで、もう二度と見ることはないような不思議な光景の中にいることも、また事実だった。風はきっと戻ってくる。

"Hokuleʻa--- Star of gladness…"

星空の下、マカのギターと歌声がカヌーの上に響く。ハワイでは、ホクレアを讃える歌が数多く生み出されてきた。

私が伝統航海術を習った先生のひとり、カルロス・アンドラーデも、多くの人に親しまれているホクレアの歌を生み出したミュージシャンだった。

カルロスに初めて会ったのは、ハワイに来てまだ間もない頃だった。当時ハワイ大学には伝統航海術の授業があり、カルロスはその担当をしていた。いつも口をぐっと結んで立つカルロスは、フレンドリーでオープンなハワイアンのイメージとは対極な感じで、授業もまたとても厳しかった。毎週、カカアコの丘に登り、夜空を見上げながら200近くの星のラテン名とハワイ名、そしてそれぞれが水平線から昇る方角や昇る順番を徹底的に覚えさせられた。いつもは厳しいカルロスも、星空の下では昔の航海の話をやさしく語ってくれた。そんな話を夢中で聞いたことや、なかなか覚えられない星の配置を大きな紙に書いて部屋中に張ったりしたことを、懐かしく思い出した。

深夜、ナイノアと話す。

「カナ、大事なことをしようとすればするほど、自分の芯を忘れないことが必要なんだ。自分の中にある芯を忘れなければ、きみを理解し、支える人たちがきっと集まってくるから。」

そう言ってナイノアは、私のノートにこんな言葉を書いてくれた。

See the road,
Know the road,
Become the road,
That is the journey of the navigator.

9 星と波と風と

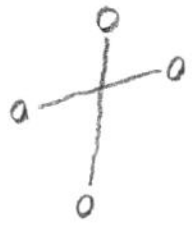

一晩中、ほとんど風がなかった。天空には、今日も大きなマウイの釣り針、さそり座が明るく輝いている。その釣り針が低く西の空に沈み始める頃、東の空がゆっくりと明るくなってくる。

朝が来て、ついに風が戻ってきた。ずっと待ち続けた風。カヌーがしっかりと前に進んでいる。南南東からの風が、帆を一杯に膨らませながら、カヌーの上を吹き抜けていく。ホクレアは水を切り、シュッシュッと心地いい音を立てて水しぶきを上げながら、ぐいぐいと力強く前に進み始める。

もう見渡す限りの海に、動きのない場所はどこにも見当たらなかった。ついさっきまでの海とは比べものにならない。海は驚くほどの早さでその表情を変える。

風を真後ろから受けて進む追い風の航海は、スティアリング（舵を取ること）がとても難しい。風をしっかりと受け止めることに、全神経を集中させていないと、風が逃げ道を見つけて、帆がバタバタと暴れてしまう。

ナイノアの厳しい目が帆の動きを追っている。

「自分の持っている感覚すべてを使ってスティアするんだ。皮膚で風を感じ、耳で風の音を聞き、眼で帆の動きを追って、風を捉えるためのヒントを全部使うんだ。舵を握る手からは、カヌーにかかる水の力を感じ取って。カヌーが波のエネルギーと闘っていないか、集中してそれを感じ取るんだ。そうでないと、帆が破けるぞ。」

私たちの身体には、本当にたくさんの感覚が備わっている。少し意識するだけで、感覚はぐんと研ぎ澄まされ、見えなかったものが見え、聞こえなかったものが聞こえてくる。

進行方向を、スターコンパスのハカからナレオに切り替えて進む。全く動くことができない、という時間を過ごしたからこそ、こうして進む一歩一歩の大切さが身に染みてくる。このすべてが、日本への一歩。

ティミーがせっせと魚の干物を作っている。

「これはね、まだ見ぬ友への贈り物なんだ。」

彼はそう言いながら、せっせと釣り上げたばかりの魚の切り身を、台の上に並べている。

「まだ見ぬ友って、沖縄で会う人たちっていうこと？」

そう尋ねると、ティミーは手を止めることなく微笑んで答えた。

「その通り。」

まだ出会っていない人たちを友と呼び、彼らのために贈り物を作ろうと考える。ティミーはそういうやさしさを持った人だ。普段はマウイ島で航海カヌーを作りながら、漁師をしているティミーは、もう10年近くもホクレアで航海を続けてきたベテランクルー。どうしようもないやんちゃ坊主がそのまま大人になったようなティミーも、一旦海に出れば、誰もが頼りにする存在。ティミーの家系はみんな最高のエンタテイナーで、ティミーも明らかにその血を引いている。とにかくどんな話も、ティミーの手にかかれば、笑いすぎて苦しくなるような話に変身して、あっという間に人々を引き込んでいく。ティミーの妹は、ハワイを代表するシンガー、エイミー・ハナイアリイ。そのエイミーがある時、こんな風に言っていた。

「ティミーはあれでいてシャイだから、自分からは絶対言わないけれど、カヌーに対してものすごい情熱を持ってるの。」

ティミーはこの航海に、一番はじめからずっと参加している。ヤップからの出航前、ティミーは私の肩をやさしく叩いて言った。

「いつだってバックアップするから。」

彼のカヌーへの情熱とやさしさは、クルーの誰もにしっかり伝わっている。


夜も続けてスターコンパス、ナレオの方角に進む。風向きと強さが不安定で、相変わらず舵取りが難しい。思う方向へとカヌーを進めるのもひと苦労だ。北斗七星が、マストの正面に横たわっている。昨日の夜は、もやがかってはっきり見えなかった水平線も今日はクリアだ。南十字星がもう水平線のだいぶ近くまで降りてきた。水平線に手をかざすと、ヤップ島を出た時には、手のひらよりゆうに高く輝いていた南十字星が、もうすっかり手のひらの中に収まるくらいの高さにある。順調に北上している証だ。

もう北緯18度を越しただろう、ナイノアがそう言う。1度は距離にすると約60海里。北緯9度から9度進んできたということは、約540海里、約1000キロの行程を進んできたことになる。この旅も、もう半分が過ぎようとしている。

南の星空が今日も驚くほど明るい。

10 カヌーという島、島というカヌー

雲間から大きな大きな太陽が姿を見せ始めた。ヤップ島を出てから、毎日欠かすことなく見続けてきた朝日。今日の朝日はひときわ大きく見える。

目指す先、遠く彼方に、大きな前線が発達しているのが見えてきた。分厚い雨雲がいくつもいくつも連なって、水平線の上にずっしりとのしかかっている。それは刻一刻と幅を増しながら、水平線一杯に広がっていく。たくさんの雨と風を運ぶ、分厚く暗い雲が、少しずつ、私たちの前に迫ってくる。どんな大雨が待ちうけているのだろう。航海が始まってから、ずっと天候には恵まれ続けてきた。雨はまだ一度も巡ってきていなかった。

前線は西から東へと少しずつ移動している。前線に直撃するのを避けるために、カヌー

の針路を大きく西向きに変える。それでも完全に逃げ切ることはできないかもしれない。カヌーの上のものをすべて片付け、飛ばされそうなものはすべてくくり付ける。悪天候用の特別に分厚いジャケットを身につけて、準備は万端だ。

前線から数キロのところまで来ると、突然、空気が変わった。風向きが西に変わり、まるでエアコンディションのスイッチを入れたかのように急激に気温が下がる。そして風はぐるぐると方角を変え始めた。

幸い、前線は思ったより速いスピードで東に移動しているようだった。カヌーの針路を西に大きく変えたおかげで、直撃することは避けられそうだ。大きな雨雲を右手

に見ながら進む。暗い雲の下に、叩き付けるような雨が降っているのが、遠くからもよく見えた。カヌーの上にはかわりに、さらさらとやさしい雨が降り始めた。大雨の中で、ずぶ濡れになる覚悟でいたので、なんとなく拍子抜けしながらも、ほっと胸をなで下ろした。

そんな私たちに、次なる〝事件〟が舞い込んだ。

「水のタンクに、何か入ってるみたい。」

航海中の飲み水は、1人1日1ギャロン（約3・8リットル）とされている。その1ギャロン×人数分×日数分を、タンクに小分けにして運ぶ。予備の分も含めた約250ギャロンの水が私たちにとって、唯一の水源だ。その水に、何か白い浮遊物がたくさん浮いているというのだ。水はヤップ島を出る前に入れ替えた。そこで何か問題があったのだろうか。数十個のタンクに小分けされているものの、もし入れた水そのものに問題があったなら、すべてのタンクが使えない状態の可能性もある。新しいタンクを出して、その水をチェックすると、そこにも浮遊物が入っている。

幸い、3つ目のタンクからは、透き通った水が出てきた。再びほっと胸をなで下ろしながら、限られた水の貴重さをあらためて思い知る。

大海原に浮かぶこのホクレアの上では、水も食べ物も限られている。そしてその限られたものたちが、こうして今、私たちの生命を確実に支えてくれている。ホクレアはよく、島の象徴だと言われる。「カヌーは島で、島はカヌー」ハワイにはそんなことわざもある。カヌーの上では、限られたスペース、限られた水、限られた食料を、分け合いながら暮らす。規模が大きくなって、つながりが見えにくくても、限りあるものを分け合って暮らしていることは、カヌーでも島でも同じことなのだ。そしてもっと大きく見れば、地球という惑星も、大きな宇宙に浮かぶカヌーのようなものかもしれない。限りある空間の中で、限りあるものに支えられて私たちが生きていることは、海の上だけではなく、陸に上がっても決して変わらない。

11

軌跡

ホクレアは強い風を受けて、順調に進み続けている。8ノットは出ている。風の強さも向きも安定してきたので、舵も取りやすくなってきた。

カヌーがしっかりと前に進み始めて、ナイノアも先の読めないストレスと緊張から少し解放されたようだった。波の様子に時折目をやりながら、デッキに座る私たちに、ひとつまたひとつとホクレアがまだ始まったばかりの頃の話を始めてくれた。

「僕らの前を歩いてくれた人たち。彼らがいるから、今、僕たちはこうしてここにいられる。彼らが残した足跡が、僕らが辿っていける道を作ってくれたんだ。」

1970年代、ホクレアの建造が始まった頃の話。ホクレアのデザインを担ったハワイを代表する画家ハーブ・カネにとって、完全に失われていた航海カヌーのデザインを生み出すのは、決して簡単な作業ではなかった。

ポリネシアの島々に人類が拡散し始めたのは、今から約3千年ほど昔のことだと言われている。そしてハワイに最初の人々が移り住んだのが1500年ほど前。以来、ハワイと南太平洋の間では、双方向の航海が続けられるようになった。

この双方向の航海は、14世紀ごろから、行われなくなり始めたと言われている。航海が行われなくなった理由は正確には分かっていないものの、ハワイでの土地開拓が進み、遠く離れた島々とのつながりを保つ必要が少しずつ薄れていったのだろうとも、この時期に地球の気温が2、3度下がり、外洋航海が難しくなったためだろうとも言われている。

どちらにしても、18世紀にキャプテン・クック率いるヨーロッパ人たちがハワイに辿り着いた頃には、外洋航海の技術や伝統は、すでにほとんど失われていた。クックらが残したスケッチ画に描かれているカヌーは、戦闘用や島内の移動のものばかりで、外洋を航海するためカヌーの記録は全く残されていなかった。

ハーブたちは、ハワイと頻繁に行き来のあった、タヒチ諸島やマルケサス諸島に残るカヌーの記録を頼りにホクレアのデザインを生み出し、それを機能性や実用性の面から修正していく。太平洋の風や波の動き、帆の機能性、カヌーが耐えうる重量など、ハーブは様々な分野の専門家たちから協力を得ながら、歴史的な側面と、実質的な側面を統合し、ハワイからタヒチという長い距離の航海に耐えるカヌーのデザインを手がけていった。

そうして1975年、ハワイで数百年ぶりに完成した航海カヌー、ホクレアは、無事に進水式を迎えることになる。ただ実際のところ、海に浮かべてみると、机上のデザインでは見えなかった問題点が次々と浮かびあがった。

「舵を取ろうと思っても、水の圧力に振り回されて、どうにもならない。最初のテスト航海で、ひとり吹き飛ばされて病院に運ばれたんだ。一体これからどうなることかと誰もが思ったよ。」

風の読み方や帆の扱い方から舵の取り方まで、カヌーを扱うクルーたちにとっても、何もかもが初めての経験だ。何度も海に出ながら、問題を見つけ出し、試行錯誤を繰り返しては、それを修正してきた日々を、ナイノアは懐かしそうに振り返った。

失敗を繰り返し、何度もふりだしに戻されながら、ホクレアは少しずつ長い航海に耐えうる形へと完成していった。数えきれない失敗があったからこそ、過ちを恐れることなく、そこから学び続けてきたからこそ、今がある。

話はいつしか、ホクレアを大きく支え続けてきたウォリーのことになった。ウォリーは、1970年代、ホクレアの建造のために力を尽くし、その後も航海ごとに傷むカヌーの修繕を手がけながら、ホクレアを陰で支えてきたカヌービルダーだ。

1976年、タヒチへの初めての航海に成功したホクレアは、オアフ島のヘエイアと呼ばれる場所に停泊し、そのまましばらく放置されたような状態になっていた。ナイノアとウォリーが、小さなモーターボートに乗ってヘエイアに向かうと、ホクレアはマングローブの中に埋もれたような状態になっていた。マストは半分壊れ、カヌーの中には水が溜まっていた。それを引き出し、再び航海できるような状態にしたのもウォリーだった。

ウォリーはハワイアンの血を引くことのない白人だ。ある時、彼は、航海を前にしたクルーミーティングの席に着いていた。部屋は、もうすぐ始まる新たな航海への期待で満ち溢れていた。ミーティングも中盤に入り、クルー編成の話が始まったとき、そんな明るい部屋の空気が、ひとりのハワイアンの言葉で一瞬にして変わった。

「ホクレアには、白人に足を踏み入れてほしくない。」

沈黙がしばらくの間、部屋を包み込んだ。そしてウォリーは、静かに立ち上がり、部屋を後にした。ホクレアを心の底から愛し、誰よりも情熱を注いできたウォリー。決して変えることのできない自らの肌の色。ホクレアへ彼が捧げた愛と情熱の大きさは、そのまま白人であるがために彼が背負った苦しみの大きさでもあった。

西欧文化が入ってきてからというもの、土地を奪われ、言語を奪われ、文化と自らへの誇りを奪われ続けてきたハワイの歴史。これ以上、何も奪われたくないというハワイアンの悲痛な思い。社会が生み出したその行き場のない怒りは、時に鋭い凶器のようになって、罪のない個人を襲った。

ウォリーは、その後も、カヌービルダーとして常にホクレアを支え続けた。けれども彼は、何度招かれても、実際にホクレアに乗って海を航海しようとはしなかった。彼はただ静かに、ホクレアへと情熱を注ぎ続けた。ウォリーが初めてホクレアに乗り、海に出たのは、それから10年近くたってからのことだった。

ホクレアが航海を始めてから30年を超えた今、クルーの誰もが、ウォリーをクプナ（長老）として慕っている。スティアリングブレードには彼の名が刻まれ、彼がホクレアに残した数々の功績は、新しい世代へとしっかりと語り継がれている。

ホクレアの停泊する港で、たくさんのクルーに囲まれながらやさしく微笑むウォリーの姿をよく見かけた。

「ウォリーなしではホクレアは保ってこられなかっただろうね。」

そんな話をよく聞いた。そんなウォリーがくぐり抜けてきた痛みを、私はこのとき初め

て知った。

私たちは、ナイノアの語る物語に引き込まれ、まるでおとぎ話を聞く子供のように聞き入った。

過ちがあり、苦しみがあり、学びがあり、そして今、ホクレアがこうして航海を続けているということ。苦い失敗、辛い記憶、苦しい歴史。その土台の上に、このホクレアがあるということ。

「どうすることもできないほどの痛みは、時に、言いようのないほどかけがえのないものを生み出す力を秘めていると思う。」

ひとしきり話し終えたナイノアの言葉が、いつまでも心の奥に残った。

風のあるうちにできるだけ進むために、帆を2つから3つに増やす。薄くて軽いあのスピンセールも再び登場した。この敏感な帆を操るには、やはり相当神経を使う。風はかなりの強さで、カヌーもスピードを増してきた。日中だけで70マイルも進んだ。夜の間にも同じくらいだけ進めそうだ。

南十字星は、もう手のひらの中にしっかり収まるほどの高さにまで下りてきている。もうかなり北まで進んでいる。

「カナが使っているバンクは、昔、マウが使っていたバンクだよ。」

ナイノアが、ふとそう言った。

ホクレアを導き続けてきたマウが、今、私が眠るこの同じ場所に眠り、航海をしていた。そう思うと鳥肌の立つ思いがした。私たちの前を歩いてくれた人々がこのカヌーで過ごした時間があるから、ホクレアは一歩、また一歩とその水平線を拡げ続けることができた。そしてホクレアは今、彼らが、思ってもみなかっただろう次の水平線に向けて航海を続けている。

私たちの前を歩んだ人々の時間がそうであったように、今こうして自分たちが過ごしている瞬間が、次の世代へとこのカヌーを繋ぐ一歩になっていく。歴史を刻むということは、決して大げさなことではなく、こんな風に小さな毎日を積み重ねていく中で、自分たちでも気が付かないうちに進んでいくものなのかもしれない。

12

待つ人々　渡り鳥

夜中の2時までのウォッチ（舵の担当）を終えた後、バンクに入らずデッキで過ごすことにした。頬に当たる風がひんやりと冷たくなってきた。寝袋にくるまりながら、夜空を見上げると、目の前に今にも降ってきそうな星々が広がる。その手前で、風を受けた帆が大きく広がり、マストがゆったりと左右に揺れている。何かにやさしく包まれているような平和な気持ちで、いつの間にか眠りに落ちた。ふと目を覚ますと、もう東の空がほんの少し明るくなり始めていた。星は空に溶け込むように、ひとつまたひとつと姿を消していく。ヤップ島を出て、10日目の朝。

朝の太陽が、北東からやってくる大きな大きなうねりを照らし出す。水平線の端から端まで一本のラインのようにつながったうねりは、どこまでも続く山脈のよう。それがゆったりと動きながら、カヌーに迫ってくる。地球が鼓動しているかのようなダイナミックな海の動き。溢れんばかりの海のエネルギーがカヌーを押している。海の上を進んでいる、というより、海に運ばれているという方がずっと近い感じだった。

朝一番、ナイノアがクルーを全員集めてミーティングを開く。現在位置についての彼の考えと、これからのコース取りについて。2日前、低気圧の前線を避けるために、大きく西に針路を変えたので、ここ数日は、もとのコースに戻るために、しばらく東よりに針路を向けて進んできた。当初の計画通り、沖縄の東120マイルを目指すコースまで戻る代わりに、沖縄の東80マイルを目指して進んでいきたい、とナイノアは提案した。それは西にそれて沖縄を見過ごしてしまう可能性が高まるということでもある。東西の経度を正確に確認するすべのない航海術にとって、それはとても大きなリスクだ。ただナイノアの予測では、夜の間、空に反射する沖縄の街灯りは、60マイル以上先からも見えるはず。ということは、島から半径60マイルの範囲内に入っていれば、沖縄を見出すことができる。コース取りの変更は、決して無謀なプランではなかった。クルー全員が新たなコース取りを受け入れ、私たちはまた確信のもとに進み始めた。

突然、どこからともなく一羽のツバメが飛んできた。帆と帆との間を切るようにすり抜けながら、瞬くほどの速さでカヌーの周りを飛び回っている。海を渡るツバメは平均時速50〜60キロ、速い時には時速200キロ以上で飛ぶこともあるそうだ。マストの周りを何度も何度も回った後、そのツバメは遠く北の空へと消えていった。冬の間過ごした南の島から、えさを求めて北へと渡る途中だったのだろうか。彼らは一体どうやって自分の向かう先を知っていくのだろう。

自分たちを囲む海の水は、確実に変わってきていた。手で触れると、もう驚くほど冷たい。真水の限られているカヌーでの旅は、からだを洗うのはもちろん海水。髪を洗うのにも、海水を使う。塩水でも泡立つ特別な石けんを使うと、海水を使っても体に塩が残らない。そんな海水シャワーも、つい数日前までは、暑さからひととき逃れることができる最高の時間だったけれど、今となっては、完全冷水シャワー。少し勇気がいる。

静かな夜。風もどこかおだやかだ。帆を3つ張って、ナレオの方角に進む。カヌーを後ろから押し続ける波の力が、スティアリングブレードを握る手にしっかりと伝わってくる。一本のパドルを通して、海とつながり、海の動きがそのまま身体に伝わってくる。時おり、この海の向こうで、たくさんの人々の到着を待っていてくれる、カヌーのことを思った。私の思いも寄らないところで、この航海を支え、応援してくれているたくさんの人たち。たくさんのまだ見ぬ友たち。

あたりはどこまでも静かで、スティアリングブレードが水を切る音が、まるで渓流をさらさらと流れる清水のように響き続けていた。

13 最後の嵐

「今日の夜には、沖縄の街灯りが見えてくるはずだ。」

その朝、ナイノアがクルー全員を集めてそう言った。

とうとうここまで来たんだという思いと、この航海がもう終わりに近づいているんだという思いが交差する。

遠く北北西の彼方を真っ直ぐに指差して、ナイノアが言う。

「沖縄はあの水平線の向こうにある。」

もちろん、実際の島影は、まだそこには見えない。けれども、目指してきた島がこの水平線の向こうにある、あの海の向こうに沖縄が、そしてその向こうには九州の島々が横たわっている。そう考えるとなぜだか胸が騒いだ。

今日まで11日間、約2千キロの間、星や波や太陽から見出される道を信じて進んできた。

星と波と風と、太陽と月と、ほんとうにそれだけを頼りに進んできた。この大海原の中で砂粒のような存在の自分たちが、今ここにいる不思議をあらためて感じる。それでも、この水平線の向こうに待つ沖縄に向かって着実に進んでいることには、ほんの少しの疑いも生まれてこなかった。


少しずつ高くあがっていく太陽の位置をたよりに、スティアリングブレードを握り、舵を取る。舵取りのシフトでないクルーも誰ひとりとして眠ろうとせず、みなデッキの上で過ごす。

こうして全員が集まると、クルーは本当に大きな家族のようで、カヌー全体にとても平和な時間が流れていた。時間がたっていくのが惜しい。もっとこのカヌーの上で時間を過ごしたい。そんな気持ちが、一刻も早く沖縄を見出したい思いと胸の奥で入り交じっていた。

デッキの先端に座ると、水を切って進むカヌーの勢いがそのまま感じられる。ホクレアはまるで意志を持っているかのように、確かに前に進み続けていた。

今日も最高の夕焼けだった。東の水平線から西の水平線まで、空全体が真っ赤に染まりながら、刻一刻とその色を変えていく。思わず息をのむ光景があたりを包み込む。日が暮れても、やはり寝るのが惜しくてデッキの上で過ごす。空に少しずつ雲がかかりはじめた。西の空に半月が浮かび、そのすぐ下に明るく金星が輝いている。カヌーのへりに立って、暗い海の彼方に灯りのヒントを探す。この暗闇の向こう、この水平線のどこかに、沖縄が待っている。いろいろな想いがあとからあとから溢れた。

ナビゲータープラットホームと呼ばれるカヌーの一番高い場所に立って、足元から彼方へと広がっていく海を見ていると、空や風や海と自分自身との境界が、溶けて消えていくような不思議な感覚になる。からだ全体が海を感じ、からだ全体が宇宙を感じている。風や波や星が、雲や月明かりが、私たちとカヌーを運んでくれている。海とひとつになり、海に運ばれている。

遠くになにかの灯りが見える。夜に目が慣れて、小さな灯りもよく見える。雲間に見えるのは、星なのだろうか、船の灯りなのだろうか。

灯りを探しながら少しずつ針路を西へ変えていく。金星の下の水平線がぼんやりと明るい。はじめは「なんとなく」だったのがやがてみんなの確信に変わった。明らかに空の色が違う。その方向に針路を変えて進み始めたころ、ナイノアがそこより少し北よりの空を指差して言った。

「カナ、あっちを見てごらん。」

そのさきには、ぼんやりとした灯りがさらに2つ見えた。

この灯りが沖縄なんだろうか。そう思ったのもつかの間、あっという間に空全体が霧に覆われてしまった。あたり一帯が霧に包まれ、月明かりでぼんやりと白く明るい。水平線に見えた灯りがどこにあるのか、もう右も左も前も後ろも分からない。

深い霧の中、ナイノアが示す針路を頼りに進む。風が冷たい。

しばらくして霧が晴れ、雲の合間に再び星が顔を出し始める。不思議なことに、あのぼんやりとした灯りはもうどこにも見えない。あれは一体なんだったんだろう。ナイノアは緊迫した表情で、暗闇の海にできる限りのヒントを探している。

風が少し強くなってきた。ホクレアはぐんぐん速度を増している。暗闇の中、波をきるように進むカヌー。風はさらに強くなり、波も後ろからカヌーを押している。もうかなりのスピードだ。

スティアリングブレードを握ると、どうもいつもと様子が違う。ほんの少し動かそうとしても、全くいうことを聞いてくれない。舵にかかる力が普通じゃない。左右に動かそうとしても、ただただ振り回される感じ。一本の舵ではコントロールがきかなくなり、左右のサポートブレードを使いながら、3本の舵でなんとかカヌーを真っ直ぐに進めていく。それでも風をつかむのが難しく、時には帆がバタバタと暴れた。

南の空から北の空に向けて、雲がいく筋にも竜巻のような形で伸びている。見たこともない異様な空だった。風が明らかに普通ではなかった。カヌーはどんどんスピードを増していく。

私たちは嵐の中にいた。

「帆を閉じよう。」

ナイノアがついにそう決断した。数人がかりで舵取りしても、この風にはかなわない。

「全員、バンクに入って休むんだ。」

これからどうなるんだろう、風の様子を見届けたかったけれど、これからのために休むことは強制だった。疲れ果てていたのか、バンクに入って、目を閉じた瞬間に眠りに落ちた。

2時間くらい眠っただろうか。目を覚ましてすぐ、全員でミーティング。ナイノアの声は、まだ緊迫していた。突然の嵐、自分たちの位置が、一瞬完全に分からなくなったこと。帆を閉じ、動きを止めて、今まで来た道をもう一度頭の中で辿り直し、自分たちの位置を確かめる必要があったこと。そして今、もう一度確信のもとに進んでいきたいこと。

ふたたび帆を開く。風はまだかなり強く、帆の下の部分をたたんで、風を受ける量を減らす。暗闇と冷たく吹き付ける風の中、カヌーは波に翻弄されながら大きく揺れ続けていた。

14

遠く彼方、沖縄の島影

長い夜が明け始め、空が少しずつ明るくなってきた。風はまだ強く、大きな水しぶきが絶え間なくカヌーの上に襲ってくる。分厚いレインギアに身を守られながら、デッキの上で過ごす。風が真冬のように冷たい。

ここまで天候に恵まれながら、順調に進んできたのが、最後の最後に、大海原をコンパスなしで進むことの意味を思い知らされたように思う。星も月も雲も、なにも見えなくなったとき、何を信じて進むのか。自分たちが今どこにいるかを、どう見出していくのか。

太陽が高く昇っても、空は薄暗いままだった。水平線まですっかり雲に覆われて何も見えない。デッキの上で少し目を閉じる。昨日からほとんど眠っていないけれど、不思議と疲れがなかった。冷たい雨が気まぐれに降ったり止んだりした。


どれくらい時間がたったのだろう。

「なにかが見える！」

その声に、誰もがカヌーのへりに駆け寄り、水平線の向こうを見つめた。

カヌーの左手、雲の切れ目の中に、薄い何かがはっきりとその姿を見せていた。それは間違いなく島だった。


ずっと海だけ見てきた。

その海の向こうに、今、確かに島が見える。

体中から、すーっと音が消えて、静けさに包まれていく。まるで真空の中にいるような不思議な感覚が、長い間私を包み込んだ。

誰もが口を開くこともなく、薄曇りの空の向こうにぼんやりと浮かぶ遥かな島影を見つめていた。

大海原の向こうに浮かぶ島。そこに水があり、緑があって、誰かの暮らしがあること。

ただそれだけのことが奇跡のように思えた。

ヤップ島から2千キロの海を越え見えてきた沖縄の島影。遠く浮かぶその姿を見つめていると、これまでの時間が走馬灯のように巡り、そのすべてがこの瞬間につながっているように思えた。喜びや興奮や安堵よりも先に、限りない感謝の思いが胸を満たし続けていた。海に、風に、星に、太陽に。ここまで共に渡ってきた仲間に。支え続けてくれた家族と友に。天から見守ってくれている父に。

水平線の彼方にかすかに浮かんでいた沖縄の姿が、少しずつはっきりと見えるようになってきた。複雑に入り組んだ岬の奥に、折り重なる山並みがシルエットを作っている。これまで何度となく訪れてきた沖縄の島々も、こうして遠く海の向こうから見ると、驚くほど違う表情を見せてくれる。薄霧に覆われたその島々が持つ気配の美しさは、思わず言葉を失うほどだった。

向こうから、水先案内の漁船と中継のヘリコプターがやってきた。久しぶりに見る、自分たち以外の誰か。本当に無事に着いたんだ、そうほっとしたのもつかの間、「ここから糸満《いとまん》まではあと10時間ぐらいかかるよ」と無線で連絡が入る。沖縄本島南部にある糸満の港を目指していた私たちは、嵐の中、思っていたよりずっと北まで進んでしまっていたようだ。水平線の向こうに見えたのは、糸満ではなく、沖縄本島の中部の山並みだった。

島づたいに南へと針路を変えて、糸満の港を目指す。やがて日も暮れ、ようやく糸満の沖に近づくころは、もう夜中の2時近くになっていた。4月24日。静まり返った夜の糸満港を静かに進むホクレア。到着を知らせるホラ貝の音が、その静けさの中に響き渡る。すると闇の向こうから大きな歓声が聞こえてきた。かすかに軽快な三線《さんしん》の音色も聞こえてくる。こんな夜中に待っていてくれている人がいるんだ。暗すぎて、人の姿は見えない。それでも胸の奥から熱い思いが湧き上がってきた。

桟橋に近づいていくと、そこは百人を超す出迎えの人でぎっしりと埋め尽くされていた。そこには、看護師勤務で休みの取れないはずの母の姿もあった。

「おかえり。」

その言葉となつかしい笑顔以外、もう何もいらなかった。

第3章 海がつなげる

1 島々の連なり

沖縄に着いた翌日、朝一番に税関の審査を受ける。海から渡ってきた私たちは、知らない間に国境を越えていた。税関の審査を終えるまでは、上陸が許されず、昨夜はホクレアの上で眠った。海の上に、国境なんてなかった。それでも国と国の間には国境という線がある。そんな当たり前のことが、何だか奇妙なことにさえ思えた。入国審査を終え、正式に沖縄の地を踏む。海の動きにすっかり慣れてしまっていたので、動かない地面に足を着けると、体がまだグラグラ揺れている。

手作りのごちそうの歓迎を受け、久しぶりに動かないベッドで眠った翌日、私たちは沖縄本島南部の玉城《たまぐすく》にある聖地のひとつ、ヤハラツカサと呼ばれる浜に向かった。この浜は、かつて琉球の創世神アマミキヨが海の彼方から沖縄へとやってきたとき、最初に

降り立った場所だと伝えられている。上空から見ると、リーフが作る自然の水路が、沖合からこの浜に向かって真っ直ぐに延びている。

しんと張りつめる神聖な空気に包まれた、眩しいほどの白浜で、泉から汲んだ聖水を囲み、太鼓と笛の音に併せて、白い着物に身を包んだ踊り手たちの舞が繰り広げられた。航海によって結ばれた島々のつながりを祝い、そしてここから続く航海の無事を祈る。辺り一帯が透明な空気で包まれ、海に向かって舞う踊り手たちの姿さえ、砂浜の白と海の青とに溶け合っていくように見えた。

ヤハラツカサの浜から山に向かって右手にある小高い丘の上に、船の形をした巨大な岩があるという。うっそうと木々に覆われたけもの道をくぐりながら、その岩を目指して丘を登る。濃い緑の茂る森は、溢れ出すような生命のエネルギーでいっぱいに満たされている。辿り着いたその先には、見上げるほどの大きな岩が待っていた。見事な流線を描くその岩は、確かに大きな船の形をしている。この岩はつい数ヶ月前まで、薮に覆われて、だれにも知られていなかったらしい。周囲の御嶽《ウタキ》（神が宿るといわれる聖域）の配置から、この辺りに何かがあるのではないかと考えた研究者と、地元をよく知る人々の力が合わさっての発見だった。

岩の横には、人の手で造られたとしか思えない階段状の石組みが残っている。そして、船の船首にあたる部分は、海の向こうに浮かぶ聖なる島、久高島《くだかじま》を真っ直ぐと指している。

岩の上にクルーが集い、沖縄の祝詞《のりと》が捧げられる。荘厳な響きが深い森の中に響き渡ると、それに応えて、ハワイのクルーがチャントを捧げた。

「海に向かう者と、島で待つ者が、こうして祈りを捧げ合い、互いの精神を分かち合う。ここはそうして人々が舟送りをした場所だったのではと思うのです。」

私たちをここまで案内してくれた研究者がそう言った。

古くからの漁師町、糸満に流れるゆったりとした時間とは裏腹に、沖縄での時間はめまぐるしく過ぎ去っていく。歓迎セレモニー、記者会見、カヌーツアー、ワークショップ、講演会、高校生との交流、海洋文化館訪問、そしてあっという間に出発の時が来た。

糸満の漁師さんたちの祈りの場、白銀堂《はくぎんどう》で出発前の祈りを捧げる。今も、伝統ハーリーや綱引きなど大切な神事の前には、必ずこの白銀堂で祈願が行われる。

鳥居をくぐると、ひっそりとした境内の南に大きな岩が祀られている。その岩の前にクルー全員が集い、これからの道への思いを新たにした。

2 生きた伝統

沖縄を出航し、向かう先は九州。奄美《あまみ》大島で一夜を過ごしたホクレアは、一路、熊本県宇土《うと》市を目指す。宇土は日本でもっとも干満の差が大きいと言われる有明海《ありあけかい》の南端、雲仙普賢岳《うんぜんふげんだけ》から湾を挟んで東向かいにある町だ。

大潮のときには干満の差は4メートルを超えるこの辺りには、日本の干潟の4割もの面積を持つといわれるほどの広大な干潟が広がっている。

宇土に近づくにつれて、ホクレアのまわりには潮が川のような勢いで流れ始めた。薄曇りの空の下には、小さな漁船が数えきれないほど浮かんで、静かに漁を続けている。彼らにとっては、こんな潮の流れも、なんてことのない日常の海なのだろう。海を理解し、そのリズムに合わせて漁を続けていく。自然の大きなリズムに合わせて生きる人々がそこにいることが、なんだかとてもうれしかった。

干潟は、魚や貝や、カニやエビ、海藻といった海の幸の宝庫であるばかりでなく、アサリやゴカイのような生き物たちが、陸から流れ込む有機物を休むことなく分解してくれる天然の巨大浄化装置でもある。豊かで穏やかな海はまた、渡り鳥たちにとっても絶好の場所で、春秋は、渡りの中継地として大・小型のシギたちが飛来し、冬には、越冬のためにハマシギ、カモ、カモメたちが集団で渡来してくる。

そんな有明海も、かつては諫早《いさはや》湾の埋め立て問題などで揺れた舞台でもある。今も、5年ごとに行われる環境調査で、藻場《もば》が年々消失していることが報告されている。閉ざされた環境だからこそ、人の影響が直に現れ、見えにくいつながりが、直に見える。この静かな海は、人と自然のぶつかり合いの縮図が見える場所だ。

向こうから、数えきれないほどの漁船がやってくる。ホクレアは、あっという間に、色鮮やかな大漁旗を掲げた漁船に囲まれた。圧巻だ。

そんな漁船と共にホクレアを迎えてくれたもうひとつの船があった。復元古代船、「海王」だ。1990年代、奈良や大阪などにある大王墳から石のひつぎが次々と出土した。

飛鳥文化が花開いた6〜7世紀、推古女帝の時代に作られたひつぎだ。不思議なことに、そのひつぎは、全国でもここ熊本にしかない阿蘇《あそ》ピンク石と呼ばれる石で造られている。当時の人々は、数トンもある石のひつぎを、一体どうやって熊本から奈良や大阪へと運んだのか。古代船「海王」は、そんな謎に迫るために造られた。

古代の人々が一体どのような方法でこのひつぎを運んだのか、その記録はどこにも残っていない。大学教授や地元の団体、若者たちは、知恵を振り絞り、試行錯誤を繰り返し、議論を重ね合って、2005年8月、古代船「海王」を完成させる。そして海王は、6トンもの重さのある石のひつぎを引きながら、宇土から大阪までの千キロ、34日間の航海を成功させた。

かつて起きたことをそのまま再現することは、もちろん大切かもしれない。けれど、そもそもそれが、一体何のために、どのようなプロセスで、どんな問題を乗り越えながら進められて行ったのか、そのことを追体験することなしには、ただ形式が伝えられるだけで、スピリットはやがて失われていく。20人以上の若者たちが乗った海王は、見事な櫂さばきを見せながら、ホクレアの横を静かに進み続けた。その姿は、生きた文化の継承の形を見せてくれているようだった。

宇土の港に着いた私たちは、やさしい木の香りのする海辺の民宿にお世話になった。何だか懐かしい気持ちになる木の一軒家。大きな身体のハワイアンたちは低い鴨居に何度も頭をぶつけながらも、その宿の歓迎を味わった。

熊本出航の日。地元の小学生全員が集まって、元気な歌声をプレゼントしてくれた。子供たちが声を揃えて歌ってくれた「南風にのって」という唄。ぼくらの思いやぼくらの夢が空を越えて世界中に広がったらいい、彼らはそう元気一杯に歌う。

静かに港を離れるホクレアに、子供たちは堤防にずらりと並んで、ちぎれそうなほどに手を振っている。そして堤防を出たかと思うと、こんどは後ろから数えきれないほどの漁船がホクレアを囲む。

かつて数多くの移民をハワイに送り出した熊本。静かな漁師町から、未知の異国を目指して人々は旅立った。その町のひとつと新たなつながりを結んだホクレアは、次の寄港地、長崎へと向けて進み始めた。

3 同じ人間として

宇土から長崎へ、右手に雲仙普賢岳と島原《しまばら》、左手には天草《あまくさ》の島々を見ながら進む。薄曇りの空の下、潮の流れに押されながら、速い時には4、5ノットの潮流に乗っている。自分たちで進んでいるというよりは、まさに運ばれている、という感じ。潮はところどころに大きく渦を描きながら、ダイナミックに動き続ける。違う流れの潮と潮がぶつかる境界では、大きな三角の波がまっすぐなラインを作って続いている。

長崎の中心街に入る前に、ホクレアは野母崎《のもざき》という小さな漁師町に立ち寄ることになった。陸づたいにカヌーを進めながら、岬の突端を越えると、ずっと向こうまで続く細長い湾が見えてきた。その一番奥に、緑の山々に囲まれた小さな港が見える。桟橋には小さな漁船が並び、その向こうには、昔ながらの日本家屋が軒を連ねて、小さな集落を作っている。

「ずっと思い描いていた日本の風景そのままだ。」

モロカイ島出身のメルが、うれしそうに目を細めてそう言った。

湾の奥へと進むにつれて、桟橋に数えきれないほどの人々が集まっているのが見えてきた。

"Welcome to Nomozaki, Hokule'a"

大きな横断幕を持ちながら、子供たちが手を振っている。

緑深い山々に昔ながらの町並、静かな港、海を望む温泉、新鮮な海の恵みに、素朴で底抜けに明るい人々。野母崎は、日本のいいところをぎゅっと凝縮したような場所だ。ハワイのクルーは、瓦の家々が軒を連ねる小さな路地や玄関先に並べられた盆栽を見つけては感動している。日本人にとって見慣れた風景も、初めて見る眼でみたら、確かにこんなに優しく美しい町並みはないなと思う。

夜、町の人々が集まって、手作りの歓迎の会を開いてくれた。集まった漁師さんたちとハワイのクルーで海の話に花が咲く。お互い言葉もままならないながら、質問は絶えることがない。「ハワイの海はどんなですか?」「漁師の生活はどうですか?」漁師さんたちは、ハワイの話をひと言も逃すまいと、身を乗り出すように耳を傾けている。

一夜明けた静かな朝、今日の漁の出番を待つ浮き網がていねいに広げられた港で、お世話になった町の人たちと別れ、次の目的地、長崎の中心街にある出島《でじま》を目指す。鎖国時代から、西洋の文化や技術の窓口として、賑やかに栄えていただろうこの街は、今も近代的なビルが建ち並び、路面電車や人々が忙しく行き来する活気溢れる街だ。そんな街の姿を見ていると、この同じ場所がわずか62年前、一面の焼け野原だったということが、なんだか信じられなく思えてくる。

1945年8月9日、午前11時2分。この街の中心を流れるおだやかな川のほとりに落とされた原子爆弾は、街全体を一瞬のうちに焼き尽くし、14万人の死傷者を生み出した。クルー全員で訪ねた原爆資料館には、思わず目を覆いたくなるような光景の数々が並んでいた。やけどでただれた赤ん坊を抱きしめる母親、死に絶えた人々の間にぼう然とたたずむ少女の姿。「家族4人死ス。無事ナラバココニ」焼け野原の中、家族の消息を尋ねる無数の立て看板に込められた家族の思いが、ひとつの命の持つ重さを物語る。何とか生き延びた命も後遺症で苦しみながら次々と息絶えていった。すべてを失ったこの街の人々は、一体どんな思いで、明日を生きる力を見出していったのだろう。

「下に暮らすのが同じ人間だと思ったら、この爆弾を落とすことはできなかったのでは。そう思うんです。」

資料館を案内する女性が、小学生たちにそんな風に語りかけていた。「同じ人間だと思ったら」その言葉が、いつまでも頭から離れなかった。

資料館を訪れた次の日、私たちは長崎の街を一望する稲佐山《いなさやま》に向かった。眼下に、美しい山々に囲まれた長崎の街が広がる。今、自分の目の前にあるこの場所が、かつて緑ひとつ戻らないだろうと言われるほどの焼け野原だったという現実。目には見えなくとも、確かにそこにあった事実。戦争を体験しない私たちにも、そんな事実を想像する力はある。私たちは過去の痛みを感じとり、そこから何かを学ぶ力を持っている。

山の頂上からホクレアに戻った私たちを、地元の高校生たちが訪ねてきてくれた。彼女たちは、核廃絶と平和の実現に向けた署名活動をしながら、被爆者の思いや核兵器の悲惨さを伝え続けている。「自分たちのできることから」とまっすぐな眼差しで平和のメッセージを伝え続ける彼女たちを見ていると、世界はこんなひとりひとりの意志で変わっていく、そう確信しないではいれない。

Welcome

HOKULE'A

今この瞬間にも、世界各地で争いは続き、たくさんの命が失われ続けている。文化や習慣、信仰を越えて、「同じ人間」と意識する力。平和への一歩は、まず私たちひとりひとりの中から始まる。

4 島の花

次の寄港地、福岡への出航を控えて、キャプテンたちはここ数日の天気図を食い入るように見つめている。2つの高気圧が張り出して、不安定な天気が続いていて、出航のタイミングを決めるのがなかなか難しい。

ここ長崎から福岡までの海には、数百もの島々が点在する。途中の佐世保《させぼ》沖、九十九島《くじゅうくしま》のあたりは、島の密度が日本一とさえ言われている。島の数の多さは、そのまま海流の複雑さにつながる。潮の満ち引きに合わせて、島と島の間を流れる水の流れが頻繁に変わっていく。そんな海域の水先案内には、地元の海を知り尽くした漁師さんが駆けつけてくれた。衛星写真やインターネットを駆使してどれだけ正確な情報を集めても、その風がどう変化していくのかは教えてくれない。次の日はおろか数時間後の風の動きを読むには、どんなに集めた情報よりも、長年天気を読み続けてきた地元の経験が何よりもの頼りだ。

3日目に入って天気も大分落ち着いてきた。出航は早朝4時に決まる。出発の朝、明るい半月が、まだ真っ暗な空にぽつりと浮かんでいる。栈橋には、こんなに朝早くなのに、たくさんの人々が見送りに集まってくれていた。予定通り4時出航。まだ寝静まる長崎の街に向けて、マカの吹くホラ貝の音が響き渡る。その透きとおる音色は、湾を囲む山々にこだまして、どこまでも鳴り響いていった。

長崎から、佐賀県沖に入り、佐世保、唐津《からつ》と通り過ぎながら、玄界灘《げんかいなだ》へと入る。福岡に近づくにつれて、巨大なタンカーが悠々とホクレアの目の前を横切り、これまでにはない巨大都市に近づいていることを思い知る。遠くに大きな観覧車が見え始めた。120メートルの高さがあるこの観覧車は世界最大級のものらしい。星を頼りに進んできたホクレアにとっては、思ってもみなかったランドマークだ。

福岡に停泊したホクレアには、地元の子供たちが代わる代わるに訪れる。真剣なまなざしでホクレアの話に耳を傾ける子供たち。彼らの眼に、この見慣れぬカヌーとその物語は、一体どんな風に映っているのだろう。

地元の高校生たちが、ホクレアでの宿泊体験をすることになった。カヌーのキッチンを使ってご飯を作る。水はもちろんカヌーに積まれたものだけ。数時間かけてやっと出来上がったカレーを暗闇の中で食べた後、彼らはキャプテンのチャッドに次々と質問を投げかける。

「怖いと思うことはないか?」

「大変だったことは?」

「日本についてどう思うか?」

「これからの夢は?」

そんな彼らにチャッドは言う。

「誰だって、自分にはできないかもしれない、と怖くなることがある。そんな時は、その怖さより大きな夢を描いてみる。そしてその夢を思いながら、今夜このカヌーで眠ったらいい。朝、目覚めた時、その夢のために進む力が、自分の中にきっと生まれているから。」

福岡からフェリーに乗って、玄界島を訪ねる。２００５年3月の大地震で大きな被害を受けた玄界島。２００以上あった家屋のほとんどが被害を受け、無事に残ったのは、たった7軒だったという。島に人が戻って来られるようになったのは、つい最近のことだ。今は村を再建するための基礎工事の真最中で、桟橋では、そんな島の人々が総出で出迎えてくれた。

ゼロからの新しい村作り。震災当時の様子を語る島の人々の話から、あらためて被害の大きさを知り、そしてそれを乗り越えるための島の人々の団結力を知った。話し合いに話し合いを重ね、島の人すべてにとってベストの選択はなにかを練りだしていく。そこには、自分のことだけではなく、島全体の未来をしっかり見つめながら、とことん話し合って復興を進めてきた島の人々の姿があった。

ホクレアが来ると知ってから、毎日毎日練習してくれたという子供たちが、琴や三味線、太鼓や歌を披露してくれた。

「被災地の人みたいに見えないでしょ！」と底抜けに明るく笑う島の人々。いつか戻って来たい日本の島が、またひとつ増えた。

5 神話のはじまり

ホクレアが停泊する西福岡マリーナの向こうに広がる外洋は、大風が吹き荒れ、水平線の際まで白波で覆われている。あまりの風に、港の横の大観覧車も、運転を見合わせ続けていた。

低気圧と高気圧が次々に生まれては消え、盛んに形を変えながら、日本列島の上を駆け抜けていく。日本の天気予報が難しいのも納得だ。貿易風が吹くか吹かないか、というハワイのシンプルな天気予報とはわけが違う。1日に2、3回更新される天気図を見ながら、出航のタイミングを見計らう。ここ数日、毎日天気図を見ながら、実際に風や空の様子を眺めてきたおかげで、天気がぐっと実体のあるものに感じられてくる。毎日意識することで、頭の理解と周りの天気がひとつになっていく。それを積み重ねていくのが、経験則のようなものになっていくのかもしれない。

低気圧の等圧線の間隔が大分広がり、風が弱まってきた。出発は明日の朝3時という決断が下りた。福岡最後の夜は、宿の荷物をまとめて、カヌーで眠ることにする。朝1時、まだしんと冷たい空気の中で目が覚める。春とはいえ、夜の風はまだかなり冷たい。温かな紅茶をいれて、高い空を見上げる。まだ眠い目と寒さですっかり固くなった身体がゆっくりとほぐれていく。3時出航という時間にもかかわらず、ここ福岡でもたくさんの見送りの人々が集まってくれた。

関門《かんもん》海峡を抜け、新門司《しんもじ》港へ。ここからいよいよ九州を後にして、瀬戸内の海を目指す。空は暗く、まだ星も明るい。それでも海では、もういくつもの漁船が漁を始めていた。しばらく進むと、闇の中、巨大なタンカーが盛んに行き来しているのが見えてくる。ホクレアの100倍近くある巨大なタンカーに追突されたら、文字通り木っ端微塵だ。日本に着いてから、ホクレアにはレーダーを反射する特別な装置が取り付けられた。それでも、盛んに行き来するあの巨大なタンカーに、私たちの存在が認識されている保証はどこにもなく、とにかくこちらからできる限り彼らを避けるしかない。カヌーの船首

につねに数人のクルーがついて、タンカーの動きを見守る。こんなに穏やかな海で、自然ではなく、人の方を恐れなくてはならないというのは、なんだか皮肉だ。

後ろには九州、左手には本州、向かう右手には四国が見えてきた。これまでにない穏やかな海、進む先には瀬戸内の島々がうっすらと浮かんでいる。こうしてみると、日本という場所は、本当に島国なんだなあと思う。日本には六千以上もの島があり、それが海でつながれている。

東の空がすこしずつ明るくなっていく。山陽のどこまでも続く淡いブルーの山並みが、桜色の空に包まれ始めた。うっすらとした靄に包まれた島々も、朝の光に照らされて、みんな一様に淡いピンクに染まっていく。数々の神話の舞台。この美しさを前に、人々はきっと、神々の物語を語らずにはいられなかったのだろうと思う。

空はやがて燃えるような紅色になり、山々の向こうから、真っ赤な朝日が昇り始めた。くっきりと輪郭を見せる太陽は、燃えるように輝き、カヌーの上では、どこからともなくため息が漏れた。太陽はやがて、低く立ちこめた雲の上に上がり、今度はその雲の合間から幾筋もの光になって、まっすぐに降り注いだ。ここまでの航海で、数え切れない朝日を見てきたけれど、そのなかでも一番の朝日だった。沖縄からここまでキャプテンを務めてきたチャッドが、横でそっとつぶやいた。
「You have a wonderful land to call home.」

高く昇った太陽の下、瀬戸内の穏やかな海を進む。向こうから、たくさんの人を乗せた船と、地球儀の旗を掲げたシーカヤッカーたちがやってきた。瀬戸内で最初に訪れる島、祝島《いわいしま》からの一団だ。子供たちが甲板から、元気いっぱいに手を振っている。ほどなくして、どこからともなく太鼓の音が聞こえてきた。それはまだ少し向こうに見える船の上からららしかった。近づいていくと、20人ほどの漕ぎ手が左右に分かれてゆったり漕ぎ進む船の上、軽快な太鼓の音に合わせて、船首と船尾に立つ踊り手が、くるくると舞を繰り広げている。船の櫂を大きく振りかぶり、天にかざし、海を指す。

伴走船からの無線で、それは櫂伝馬《かいでんま》と呼ばれる神舞《かんまい》だという知らせが入った。この祝島は、瀬戸内の海上安全の聖地として、古くから祈りの場になってきた場所。この神舞は本来、4年に一度だけ捧げられる貴重な文化遺産だ。

最初の予定には入っていなかったここ祝島への寄港は、書類が間に合わなかったために、島に着岸することはできない。島の人たちは、ありったけのごちそうと、島の特産のびわの実を、船でホクレアまで運んできてくれた。堤防にはかっぽう着を着たおばあちゃんたちが、ちょこんと並んで盛んに手ぬぐいを振っている。みんな畑仕事の合間に出てきてくれたのだろうか。

島からホクレアに、もうひとつのギフトが届いた。カヌーへと手渡された小さなランプに灯された火。それは1945年、広島に投下された原爆の残り火だった。数多くの怒りや悲しみを生み出した火を、平和の象徴のホクレアに、と託されたこの「平和の火」は、全国をリレーしている最中、たまたまホクレアと同じ時に、この祝島に巡ってきていた。

名残惜しく思いながらも島を後に、再び瀬戸内に美しく点在する島々の間を進む。しばらく行くと、左手の海に何とも異様な建物が見えてきた。それは原子力発電所のテスト機だった。この地域は、20年近く前に原発の建設候補地として選ばれて以来、地元での反対運動が続いている。この場所が原発に揺れていることを初めて知った。出迎えてくれたシーカヤックに地球儀の旗が掲げられていたのは、そのためだった。

6 移民の島

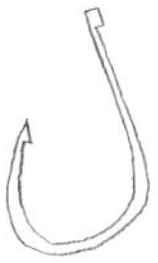

祝島を後にしたホクレアは、一路同じく山口県の周防大島《すおうおおしま》を目指す。周防大島は、数多くの移民をハワイへと送り出してきた島だ。１８８５年から始まった官約移民では、９年間の統計でハワイへの全移民数の約１３％もが大島郡出身という記録も残っている。１９６３年からはカウアイ島と姉妹島になっている。

ここ山口県は、ナイノアの幼い頃の海の師、河野ヨシオさんの故郷でもある。伝統航海術を学び始めたとき、ナイノアはすでに２０歳を過ぎていた。そんなナイノアに、師であるマウは、お前はもう年を取りすぎている、と言った。伝統航海術で大切なのは、頭に詰め込んだ知識よりも、身体で海を感じる力。それは物心つかないほど幼いころから、身体に染み込ませなければならないことを、マウはよく知っていたのだ。

ナイノアは、幼少の頃から伝統航海術を学ぶことはなかった。けれどもそのかわりに、隣に住む日系人のヨシと一緒に、毎日のように海に出掛けていた。牛乳配達の仕事をしていたヨシは、夜中じゅう働き、早朝家に戻る。ナイノアは毎朝、玄関先で釣り竿を持って、ヨシの帰りを待っていた。ヨシはそんなナイノアを、嫌な顔ひとつせず海に連れ出してくれたという。ヨシと過ごした海での時間を通して、ナイノアは、海を感じる力、海に対する直感を身につけていった。海を知ることだけではなく、海とひとつになることを教えてくれたヨシ。その学びなしには、自分の航海術師としての力には限りがあっただろう、そうナイノアは言う。

島の人々は、ナイノアが来るまでになんとかヨシさんのルーツを探ろうと、調査を続けてくれていた。ヨシがいつ、どの村からハワイに渡ったのか、それさえ分からないので、島の有志は、年ごとに分けられた膨大な資料を1ページ1ページめくりながら、ヨシの名前を探していった。

島には、ハワイ移民資料館なるものがある。古い民家を使ったその資料館には、かつてハワイに渡った人々の貴重な資料が所狭しと並べられている。館長さんが、ハワイに渡った移民の記録を綴った分厚い本を出してきてくれた。付箋の貼られたそのページを

めくると、そこには、はっきりと河野ヨシオ、牛乳配達員、と記されていた。移民先の欄には、Niu Valleyと記されている。それはナイノアが生まれ育ち、ヨシと暮らした谷の名前だ。ハワイに伝統航海術を蘇らせたナイノア。そのナイノアに海を教えたヨシ。ハワイの伝統航海術と、遠く離れたこの山口の不思議なつながりを島の人々が掘り出してくれた。

周防大島の隣に、沖家室島《おきかむろじま》と呼ばれる小さな島がある。広さたった1平方キロのこの沖家室島も、明治期には人口3千人を超え、瀬戸内屈指の漁師町として栄えた。漁師たちはここを拠点に、ハワイ、台湾、朝鮮半島、北米、南米へと旅立っていったという。

ナイノアは、ヨシの家の下から拾った石をハワイから持ってきていた。その石をコシの故郷へと運びたいと願っていたナイノアに、沖家室島の泊清寺《はくせいじ》の住職が、自分のお寺で保管することを申し出てくれた。当時、漁といえばこの沖家室の島人たちに教えを乞うたという。ナイノアに海を教えたヨシ。そのヨシの家族に海を教えたのも、この島出身の漁師なのかもしれない。

石をお寺へと届けると、住職は、ヨシさんとハワイに渡った移民たちの冥福と、ホクレア航海の安全を祈る法要をしてくださった。

沖家室島では、戦後、人口が減少し続け、過疎化が進んでいる。現在、人口は２００人を切り、高齢者率は８０％近くに達している。けれど、島に降り立つと、過疎や高齢化で苦しむ島というイメージとは裏腹に、あたりには暗く重い雰囲気が全くない。行き交うおばあちゃんたちは、みんな満面の笑みでとにかく明るい。楽しく暮らしていなかったら、きっとあんな笑顔はできない。ここでは島民のほとんどが一人暮らしをしながら、小魚をとったり野菜を栽培したりして、自給自足の生活を楽しんでいる。６０代の島の「若手」は、民生委員となって、一人暮らしの家を巡っている。台風で家に被害が出れば、すぐに人が集まって直してしまう。互いに声を掛け合い、助け合い、分け合いながらの暮らしは、ここでは当たり前の日常だ。かつて数多くの漁師たちで賑わったなごりで、島には、手作りの釣り針を作る職人や、漁の知恵を引き継ぐ人も住んでいる。語り合い、笑い合いながら、いきいきと過ごす島の人々の生き様から、高齢化が進み続けても、この沖家室は「大往生の島」として知られる。

日本の離島が今、いやおうなしに直面している過疎の問題。それは、これから私たちが一体何に価値を置き、何を残していこうとしているのかを、問いかける。６千以上の

WELCOME TO SUO-OSHIMA HOKULE'A VOYAGE
~HOKULE'A Link the ties of Hawaii emigrant and Suo-Oshima~
大島丸
OSHIMA MARU
ALOHA HOKULE'A

島々、人の住む島だけでも4百以上もある日本という島々のことを、私たちは一体どれくらい知っているのだろう。私たちは何を受け継ぎ、残そうとしているのだろう。「本当の過疎は人がいなくなるときではなくて、こころのつながりがなくなった時に起こるんです」島の人のそんな言葉が胸に響いた。

沖家室からの帰り、ひとつ気になったことがあった。海の上の空が、なぜだか妙に黄色がかっている。見回してみても、空気を汚すような工場らしきものはなにも見えないので、最初は気のせいかと思ったけれど、どうみても色がおかしい。それは中国から飛んでくる黄砂だった。ここ数年、中国の急激な土地開発などによって、その深刻さが増している。黄色く染まる空を見ながら、国と国との間で線を引き切れない問題を思い知らされた。

7 すぐそこにある叡智

瀬戸内に浮かぶ無数の島々の間を抜けながら進む。海は静かにゆらぎながら、目指す島と私たちをつないでくれる。昼を過ぎる頃、遠くに次の目的地、宮島《みやじま》が見えてきた。言わずとしれた日本屈指の聖地、宮島。近づくほどに、島を覆う緑がその奥深さを増していく。島のまわりをぐるりと回り、海に立つ大鳥居を目指す。この鳥居が陸ではなく、海の上に立っているのは、この島そのものが神聖なものという考え方からだという。ここはまさに、神の島だ。

大鳥居の正面に差しかかると、そのまっすぐ先に神殿が見えた。ホクレアの上に、一瞬しんと静かな空気が流れた。聖地に敬意を表すためのホラ貝の音が響く。この場所に、最初に神社ができたのは、6世紀頃。以来この場所で、一体どれだけの人が、祈りを捧げてきたことだろう。1400年という時の流れを思う。

栈橋に無事ホクレアをつけ、厳島《いつくしま》神社へと向かった。数年前の台風で大きな被害を受けた厳島神社も、今ではその被害の跡も分からないほど、すっかり修復されている。けれど神殿そのものが、海の上に建っているので、当然建物は傷みやすい。床下で建物を支える木は、数年に一度は入れ替えをしなければならない。

「そうして木を入れ替えることが、新たな生命、新たな気を入れ込むことになるんです。」

神社内を案内してくださった方がそう話す。そうしてこまめに世話をしなければならなかったからこそ、千年以上もの間、ここに保たれてきたのかもしれない。

屋根に葺かれた樹皮は、幹から一度樹皮を剥ぎ、さらに20年待ってから、そこに再生してきた樹皮を剥いで使う。釘はすべて竹でつくられている。だから潮風でさびることもない。建物のあちこちに凝らされた工夫に、自然を深く理解して、それを自分たちの暮らしに取り入れてきた日本人の知恵がいっぱい詰まっている。

宮島では厳島神社に並ぶ歴史を持つ、大聖院《だいしょういん》に泊めて頂くことになった。チベットのダライ・ラマ法王も泊まられたというこのお寺、新緑のもみじが門へと続く石段を鮮やかに彩っている。

「ハワイにも、こんな場所があれば、と思うよ。古くから受け継がれた智慧や精神性が、こうして形になっている場所があるのは、本当に特別なことだ」とクルーのひとりが言う。そんな言葉を聞いて、ふと、私たち日本人は、彼らと同じような特別な気持ちで、自分たちの文化を見つめているだろうか、と思った。

１４００年の歴史。それははじめ単なる数字としてしか頭に入ってこなかった。けれどもそれは、１４００年という間、この場所に価値を見出し、それを次の世代へと受け継いでいこうという人々が、決して途切れることのなく存在してきた、ということ。１４００年という数字の中にある、一人一人の存在、人と人とのつながり。それは受け継がれてきた価値の重さでもある。

ヤップ島から沖縄に向けて出航する前に、ハワイアンのケオニが言った言葉を思い出した。

「この航海は、日本人に日本という場所が持つ神聖さを思い出させるものになると思う。」

自然を深く理解し、敬意を払い、そして自然とひとつになって暮らしてきた日本人の心。その心は、時に形式に包まれて、見えにくくなってしまう。形式だけが伝えられていくうちに、本質の部分に目が向きにくくなり、そもそも形式を生み出すもとにあったものが忘れられていく。何百年もの時を経て培われてきた日本の伝統には、限りなく豊かな智慧がつまっている。もう一度心を開いて、その芯の部分を見つめていくとき、そこにはきっと今につながる何かがある。それはちょうど、見えない島を見出す伝統航海術のよう。目指す島を見出すのに、必要な情報は、自分たちのまわりに、いつもしっかり与えられている。それを受け取るために、感覚を研ぎすまし、心を開き、自然とひとつになる。それが航海術だ。受け止められるかどうかは、いつも自分しだい。

8

ひとりから始まる

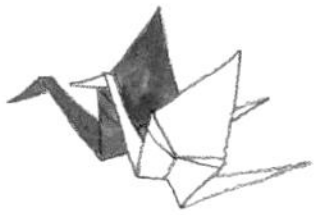

宮島で一夜を過ごし、そのまま海向かいの広島市を目指す。遠くから、木造の打瀬船《うたせぶね》が大きく帆を開いて迎えてくれる。横向きに進みながら網を引いて漁をする打瀬船は、つい数十年前まで、この瀬戸内で何十艘もが現役で活躍していたという。ホクレアを迎えた打瀬船は、この海の伝統を受け継いでいこう、と有志の力で今日まで守られてきた。けれどもこの船も、ホクレアの出迎えのため帆を開くのを最後に、海から上げられてしまうことになっている。船を維持するための場所も資金も人手も足りない。悩みに悩み抜いた、やむを得ずの決断なのだろう。続けてください、と簡単には言えなくとも、消えていくひとつの文化を目の前にして、複雑な思いだった。

白い帆を一杯に拡げてこちらに向かってくる打瀬船の姿は、荘厳だった。最後の晴れ舞台になったホクレアとの並走。舵を取る船長さんの照れくさそうな笑顔が見える。打瀬船の白い帆は、ホクレアの赤い帆と並んで、広島への海を進み続けた。

広島観音《かんおん》マリーナに無事辿り着き、歓迎セレモニーを終えた私たちは、その足で、平和記念公園へと向かった。最初に訪ねたのは、原爆ドーム。それは街のすぐ横に、ひっそりと、でも確かな存在感を持って佇んでいた。写真や映像で、今まで幾度となくその姿を目にしてきた。けれど本物を前にする迫力は比べものにならなかった。

灼熱で一瞬のうちに溶けた銅の天井から、爆風が建物の中を吹き抜け、焼け野原にぽつりと残ったこのドーム。このドームが見た街の姿を思う。このドームのまわりで溶けて消えていった夥しい生命を思う。

まぶしい新緑に彩られながら、繁華街のすぐ隣に建つ原爆ドーム。「そこにあり続けている」というのは、ただそれだけで何ものにも変えられない力を持っている。一刻も早く忘れたいような記憶を、まざまざと思い出させるような原爆の傷跡。この街の人々は、それでもこのドームを自分たちの暮らしのすぐ隣に残すという選択をして生きてきた。

平和公園は、遠足の子供たちで溢れ返っていた。そこら中を無邪気に走り回る子供たち。62年前のあの日、この子供たちと同じように無邪気に生きた子供たちが、一瞬のうちに、死や苦しみへと追いやられた。やり場のない思いが溢れてとまらなかった。誰が何と言おうと、この生命を奪うことを、正当化できる理由などひとつもない。

「ここで命を失ったひとりひとりに、みなさんと同じような暮らしがあったのだということを想像してみて下さい。」

原爆資料館の館長は、私たちクルーにそう語りかけた。

「世界から核をなくすために、みなさんができることを、ぜひ考え、実行してほしいと思っています。核や戦争の問題を私たち一人一人の問題として取り込んでほしいのです。」

そんな館長の言葉に、身が引き締まる思いだった。

ここ広島では、核も戦争も、教科書の中の歴史ではなく、今なお人々を苦しめる現実だ。ホクレアの受け入れボランティアの中には、原爆の後に生まれながら、後遺症に苦しむ原爆2世の方もいた。怖れや無知から来る差別や偏見、今もなお続く原爆の被害の話をたくさん聞いた。そんな苦しみや怒りを、核をこの世界からなくすためのエネルギーに変え、彼らはこつこつと活動を続けている。そんな彼らの姿を、私はこれからずっと忘れないと思う。

ホクレアの到着にあわせてハワイから送られてきた折鶴を、原爆の子の像へと届ける。原爆後遺症に苦しんだ子供たちを悼んで作られたその碑のまわりには、毎日、世界中から折鶴が届く。鶴のかたわらに添えられた言葉には、世界の子供たちの強い意志が込められていた。


「平和な世界をつくる一人として行動します」

「この世から戦争という言葉をなくします」

「自分の意見をしっかり持ち、悪い事は悪いと言います」

「互いの気持ちがわかりあえるまで話し合います」

私たちの暮らす世界にとって、平和の道を歩むことは、もう選択肢ではない。

9 魂に運ばれて

広島を後に、瀬戸内の海を抜け、ホクレアは愛媛の宇和島《うわじま》を目指して進む。四国の西側をつたってしばらく行くと、細く突き出た半島が見えてきた。なだらかな山並みに、いくつもの風車が建ち並んでいる。海から来なかったら、四国の北西にこんな幻想的な半島があることには、気が付かなかったかもしれない。

その半島の先にある宇和島市は、緑深い山々と、青い海が隣合う明るい街。お遍路さんとすれ違いながら、街の坂を上がっていくと、はじめて来たのに、なぜだか懐かしい気持ちになる、そんな場所だ。

この宇和島とホクレアをつなげたのは、6年前の宇和島水産高校の訓練船えひめ丸の事故。2001年日本を出航したえひめ丸は、ハワイオアフ島沖で訓練中に、米軍潜水艦と衝突、9人の尊い命が失われた。失われた命への思いを遺族と分かち合いたい、そう考えたハワイの人々は、ホクレアで事故現場に花を届けようと提案する。話は瞬く間に広がり、ホクレアのデッキは、島のあちこちから届けられた花で一杯に埋めつくされた。

この航海が始まる前、ハワイで行われたメモリアルで、宇和島の人々とお会いした。事故は、米軍の些細な過ちから生みだされた。ニュースを見ているだけで、やり場のない怒りが沸き上がったことを、今でもはっきり覚えている。けれど宇和島の人々は、その痛みや怒りを、少しずつ前向きな力へと変えてきた。事故から6年、宇和島とハワイの間では、ベースボールリーグや、高校生の交換留学など、新しい関係が生まれている。やりどころのない怒りや悲しみを、そんな新しい関係のきっかけへと変えていくことに、一体どれだけの苦労があったことだろう。

「ホクレアは、きっと9人の魂も一緒に運んできてくれると信じています。」

家族の方からそんな言葉を掛けられた。

それから4ヶ月という時間をかけて、ホクレアは海を渡り、私たちは、ハワイから9人の魂と一緒にこの宇和島までやってきた。私たちは、彼らを運んできたというより、彼らに運ばれてきたのかもしれない。そして彼らが宇和島の人々と私たちをつないでくれた。遠く離れたこの場所に、思い出すだけで温かな気持ちになる家族ができた。９人の魂は、今もしっかり生き続け、そんな私たちを笑顔で見守ってくれている。そんな気がしてならない。

10

黒潮を辿って

宇和島では、風を待ちながら、一週間近く過ごした。そしていよいよ出航の時。見送りのために桟橋に集まってくれた人々は、もうすっかり顔なじみだ。

桟橋で出航を待つホクレアに、宇和島の職人さんが作ってくれた見事な鯉のぼりがくくり付けられる。えひめ丸の家族の方が贈ってくれたこの鯉のぼり、横浜まで私たちと一緒に旅をする。

宇和島の沖から四国の最南端、足摺《あしずり》岬を目指して南下していくと、切り立つ岩肌が黄色く輝く小さな島々が、ひとつまたひとつと姿を現す。どことなく人を寄せ付けない、今まで見たことのない日本の風景だ。

次の寄港地、神奈川県三崎《みさき》へ向けての航海。カヌーの上に輪になって座り、これまでの旅をひとりひとり振り返る。

「天上の星々を自分の中に取り込み、カヌーの下の波を自分に取り込む。ホクレアはそれができる唯一の場所なんだ。」

ハワイからここまでずっとカヌーに乗り続けてきたマカが言う。いつしか日は暮れ、辺りは闇に包まれ始めた。大きなうねりがカヌーを後ろから強く押していた。


朝4時過ぎから、もう空が明るくなり始めてきた。沖縄に向かって航海していた頃と比べると、本当に日が長くなった。四国の南、土佐《とさ》湾を進む。湾は大きくくびれているので、四国の島影も遠く水平線の彼方に沈み、ホクレアは再び、見渡す限りの海に囲まれている。横浜までのレグは、2交代制。陸で過ごしてすっかりなまった身体に、6時間のシフトは大分応えた。シフトを終えて、バンクに入ると吸い込まれるように眠りにつく。

ふと目を覚ますと、カヌーはなぜだか陸に向かって進んでいた。伴走船にトラブルがあって、高知の室戸《むろと》港に緊急入港することになったのだ。桟橋につくと、向こうから小学生たちが、わーっとカヌーに駆け寄ってきた。たまたま遠足で室戸を訪れていたその子供たちは、好奇心いっぱいの眼でカヌーを見つめ、次から次へと質問を投げかけてくる。

彼らが帰った後、ベテラン航海術師のレイトンが言った。

「あの子たちの、カヌーを知りたいと思う心。何か新しいものを学びたいというエネルギー。あんな子供たちの姿を見られたことが、僕の旅のハイライトかもしれないな。」

夜中の2時、伴走船の調整も終わり、しばしの休息を取らせてくれた室戸港からホクレアは静かに出航する。穏やかな海の水を切りながら進むホクレアの後ろには、いく筋もの航跡が生まれていく。それは無数の夜光虫たちの光で、淡い緑色に染まりながら、いくつもの光の筋になってのびていった。

再び朝が来て、海が明るく照らされ始める頃、カヌーの上に歓声があがった。右手の海に、大きな黒い〝何か〟が見える。その黒くつややかな何かは、海の表面に見え隠れしながら、カヌーのすぐ横を、優雅に通り過ぎていく。クジラだ。日本の海の豊かさを垣間見る思いがした。

本州最南端、和歌山県串本《くしもと》の橋の下をくぐり、紀伊《きい》半島、熊野《くまの》へ。折り重なる山並み。いつかきっと訪ねてみたい日本の聖地、熊野。そこは海から見てもまた、荘厳な雰囲気を醸し出していた。

海から巡る日本という島々。頭の中にある日本地図を、海から辿って進んでいる。海につながれた島々。南からの温かな水を運びながら、西から東へ、川のように流れ続ける黒潮に乗りながら、本州の海岸線を進む。名前も知らない島々が、後から後から姿を現す。

遠くに伊豆《いず》半島が見えてきた。小さい頃から何度も通ったその半島は、海という自

然の面白さや奥深さ、そして不思議さを教えてくれた場所だ。網の作り方や、伊勢エビと月の関係を教えてくれた漁師さん、共同温泉でいつも会ったおばあちゃんたち、旬のメカブをわざわざ取っておいてくれた食堂のおじさん、海に入る前にいつもお参りした神社、見慣れた山々、魚付《うおつ》き林《りん》のこと。たくさんの思い出が詰まった場所だ。その沖を、今こうしてホクレアに乗って進んでいる。

ここまで本当に海だけを辿ってきた。私が生まれ、育ったこの日本も、ホクレアが生まれたハワイも、航海術が受け継がれてきたサタワルも、みんなこの海でつながれている。この地球のすべての島が、ひとつの海でつながれている。誰もが知っているそんな当たり前のことが、なんだかとても特別なことのように思えて不思議だった。

三崎に着いたのは、もうすっかり日も暮れた後だった。迎えに集まった人々が鍋いっぱいのスープを作って待っていてくれた。あたたかなスープが、人々のやさしい思いと共に、凍えたからだに染み渡っていった。

11

海の光

最後の寄港地、横浜へ向かう前に、ホクレアは鎌倉の七里《しちり》ヶ《が》浜《はま》を訪ねることになった。ホクレアの初代クルーであり、レジェンドサーファーとしても活躍していたタイガー・エスペリに哀悼の意を捧げるためだ。1997年、ハワイから日本へと渡ったタイガーは、鎌倉に拠点を置きながら、日本に航海カヌーを作る活動を続けた。そのかたわら、ハカやチャントなどハワイの伝統文化を伝え、ハワイと日本の大きな架け橋のような存在だったタイガーは、2005年、静かにこの世を去った。彼の夢見た航海カヌー、「カマクラ」の建造プロジェクトは今も、彼の思いを引き継ぐ仲間たちの手で続けられている。

七里ヶ浜の沖に近づくと、岸からたくさんのサーファーたちが漕ぎ出てきてくれた。

アウトリガーカヌーも数艇《てい》集まってくる。海に浮かぶホクレアのまわりには、あっという間に百人近くの人々が集まった。

太陽があたたかく降りそそぐ朝、昨日まで寒さに震えていたこともすっかり忘れて、私も海に飛び込む。ひんやり冷たい水が身体を包み込んだ。冷たいのに、どこかあたたかい。

ホクレアは、約20メートルのカヌーが二艘、イアコと呼ばれる梁《はり》でつながれてできていて、デッキの下はそのまま海になっている。その下をくぐってみよう、そう思って泳いでいくと、そこには不思議な光景が広がっていた。デッキの下の海が、まるで海の底から強い光で照らされているかのように明るく緑色に輝いている。そのあまりの明るさに、そこまで泳いできた誰もが驚きの声をあげた。

「タイガーがいるのかもしれないね。」

隣にいたサーファーが静かにそう言った。なんだかそんな言葉も素直にうなずけるほど、その水はきらきらと明るく輝き続けていた。

12 最後の夜

三崎の港に、ゆっくりと太陽が沈んでいく。ハワイからミクロネシア、そして日本へ、5ヶ月かけてここまで渡ってきたホクレアも、とうとう航海最後の夜を迎えようとしていた。

今日はデッキの上で眠ることにした。ゆりかごのように優しく揺れるホクレア。寝袋にくるまって夜空を見上げながら、1万3千キロの海を渡ってきたホクレアが明日、最後のレグを迎えようとしていることに、まだあまり実感が持てないままでいた。ゆらゆらと揺れる2本のマストの向こうに、ホクレア（アルクトゥルス星）が輝いている。その明るい輝きを見つめながら、こうしてこのカヌーから見上げてきた数限りない星々のことを思う。毎日毎日違う色を見せてくれた朝焼けの空や声を失うほどの夕焼けのことを思う。満ちては欠け、欠けては満ちた月、ひとときも同じ姿を見せなかった雲、気ままな風、くるくると表情を変えた海。このカヌーで感じたひとつひとつの瞬間が、どうしようもないほどいとおしく思えた。

カヌーに残った数人のクルーは、頬にあたるひんやりと心地よい風を受けながら、ただただ、静かな時間を過ごした。

「最後の夜だね。」

ひとりがふっと呟く。私たちは何も言わずに、その言葉を胸の奥の大事なところで、そっと受け取った。

気が付いたら、眠りに落ちていた。冷たい風に吹かれて、時折眼を覚ますと、明るい月明かりがカヌーをやさしく照らし出している。変わらずゆったりと揺れるマスト、その向こうに広がる星々に、安心してまた眠りにつく。

東の空を薄い花びらのように色づけながら、ゆっくりと朝が来る。澄んだ空気がカヌーを包み込み始めた。

6月9日。横浜へのレグには、伴走船のほかに、数隻の船がホクレアを囲み、横浜までの道を共に進んでくれることになった。柔らかな太陽に照らされて銀色に光る朝の海には、もうすでにたくさんの漁船が出て、漁を始めていた。小さな帆を船尾に付けた船が、黒いシルエットになって光溢れる海に浮かび、そのまわりを海鳥たちが盛んに飛び回っている。こんな都会の近くでも、自然のリズムに合わせた暮らしが息づいている。

カヌーの上では帆の付け替えに忙しく、気が付いたらもうその先にベイブリッジが見え始めていた。

港のやさしい風を受けて帆は大きく膨らみ、ホクレアは静かに進み続ける。宇和島からホクレアの仲間入りをした鯉のぼりも、カヌーの先端で元気に泳いでいる。桟橋に近づくにつれて、そこをいっぱいに埋めつくす人々の姿が見えてきた。満面の笑顔で手を振る人々、横断幕、ものすごい数だ。到着を知らせるマカのホラ貝が、港いっぱいに響きわたる。

桟橋の一番先端に、母の姿が見えた。何も言わずにただ、大きくうなずいてくれている。その後ろには笑顔で手を振る弟。目に涙をいっぱいためた友の姿も見えた。

やっと辿り着いた。こんなにたくさんの人たちに迎えられて。聞こえてくるたくさんの温かな言葉。「おかえり」「お疲れさま」「ありがとう」「よくやったね」「ずっと待ってたよ」

たくさんの声。たくさんの笑顔。たくさんの心。ハワイからここまで、5ヶ月の旅が今、とうとう終わりを迎えようとしている。桟橋とカヌーの間で、チャントを掛け合い、クルー全員がカヌーに並んで、自分たちの来し方を伝えるチャント、アイハアを唱える。

日本の島々を巡り、最後に辿り着いた港、横浜の桟橋に降り立つ。たくさんの笑顔で溢れかえった桟橋の上、私の胸は、これから始まっていく「なにか」への思いで満たされていた。ひとつの旅が終わろうとしている。そうどんなに自分に言い聞かせても、こころが感じるのは、はじまりだった。目の前がぱっと開け、ここからどこへでも行けるような感覚。終わりだと思っていた場所で、すぐにまた、私ははじまりに立っていた。

13

海に浮かぶ宇宙船

横浜に到着してから約2週間、ホクレアには毎日千人近くの人々が訪れた。北海道から沖縄まで、驚くほど遠くから足を運んできてくれた人も多い。

大都会、横浜とホクレアって一体どんな組み合わせになるんだろう、とずっと思っていた。びっしり埋まる到着後のスケジュールを見ながら、都会で打ちのめされることを覚悟していた。でも実際はその逆だった。こんな大都会でも、たくさん人の温かさに包まれ、たくさんエネルギーをもらった。日本の人々のこころの深い部分に、ホクレアがちゃんと響いている。カラダの疲れは抜けなくても、こころはどんどん元気になっていく。

日本からハワイまでの帰路は、風と海流の関係で、航海が難しく、ホクレアはコンテナに乗せて運ばれることになっている。2週間停泊した横浜のぷかり栈橋に別れを告げて、船体の引き上げが行われる大黒埠頭《だいこく》までの小さな旅に出る。ホクレアにひとつも傷をつけまいと、これまで何度もミーティングを重ね、準備を進めてきてくれたスタッフが、真剣な面持ちで作業に入った。

5ヶ月間、海の上を旅してきたホクレアが、とうとう海から引き揚げられていく。びっしりと藻がはったその船体は、まるで生命を持った存在のよう。なにか大きな生きものが引き上げられていくような生々しさがあった。

ホクレアは、この航海でいったいどれだけの人の手に触れただろう。どれだけの心に触れただろう。人の手があって、人の心があって初めてカヌーは前に動きだす。

空高く、引き上げられていくホクレア。空に浮かぶその姿は、まるで星空を漂う宇宙船を見ているようだった。

「宇宙船みたいだね。」

私がそう呟くと、ハワイアンのクルーのひとりが言った。

「宇宙船なんだよ。」

ひとつの大きな旅を終えた、海に浮かぶ宇宙船は、これからも見えない島に向かって旅を続けていく。

あとがき

私が「ホクレア」という名の航海カヌーの存在を初めて知ったのは、今から10年と少し前になる。当時、暇さえあれば海のことばかり考えていた私に、ある時、友人が一冊の本を届けてくれた。そこには、星や風、波といった自然のサインだけを頼りに、数千キロの海を渡る星の航海術の話、そして数百年の間、ハワイで完全に失われていたその伝統航海が、ホクレアというカヌーを通じて今に蘇った話が描かれていた。

海、宇宙、古代の叡智…。想像したこともなかった遥かなスケールの物語に私の心は惹き付けられた。観光地のイメージしかなかったハワイは、瞬く間に世界で一番心惹かれる島へと変わっていった。日本で大学に通いながら、いつかは海に関わる仕事をしようと漠然と思い描いていた私は、もっと本格的に海のことを勉強してみたいと思い始めていた頃だった。ハワイに行こう。そう、思い立った。そして、このホクレアというカヌーを訪ねてみよう、と。

ハワイへと渡った私は、海や写真の勉強をしながら、航海術を学び、思っていたよりもずっと深くホクレアに関わることになった。ハワイの島々、人々、自然、文化、そのほとんどをこのカヌーが教えてくれた。そのホクレアで、自分の故郷、日本へ向かったこの航海。航海術にふれてみたい、という夢はいつしか、遥かにその枠を越えたものへと広がっていた。

遠い昔、人々はなぜまだ見ぬ水平線へと旅立っていったのだろう。民族の争いや自然災害、食べ物の不足、渡り鳥の行くえ…今となってはもう、その本当の理由を知ることはできないかもしれない。けれど、そこにはきっと、自分のそばにいる誰かを大切に思う心があったのでは、私はそう思う。まだ見ぬ水平線の向こうを思う探求の心だけでも海へと飛び出すことはできる。けれども大海原の中、嵐の時やまさかの時、本当に苦しい時、それを受け止め乗り越える力をくれるのは、大切な人を思い旅立った、そのはじまりにある心なのではないのかと。そう思うと、数千年前の顔も知らない誰かさえ、何だか少し、いとおしい。

2007年1月からの5ヶ月間、1万3千キロ、ハワイからミクロネシア、そして日本へと渡ったホクレアは、思ってもみなかった出会いやつながりを生み出しながら、色とりどりの花をつなぐ1本の糸のように、言葉も文化も違う島々をつないでいった。

30数年前、失われた伝統を呼び覚ますために生まれたホクレアが、国や人種を越え、すべてと調和して生きる道を見出すシンボルとして世界の海を巡ることになるとは、一体誰が想像しただろう。

本当に大切なものから目をそらさずに進むとき、私たちはきっと思ってもみなかったような場所に辿りつくことができる。またそんな旅を続けていきたいと思う。ひとつひとつ輝く生命を見つめながら。

航海を支えた数百人のボランティアのみなさん、そして日本各地で私たちを温かく迎えて下さったみなさん、本当にありがとうございました。この本は、みなさんがいたから生まれました。

この物語を受け取ったひとりひとりの中でも、新たな旅が生まれていきますように。

内野加奈子

ホクレアをもっと知りたくなった人へ

●ハワイマリタイムセンター（ハワイ・ホノルル）

アロハタワーの隣にあるミュージアム。ホクレアをはじめ、ハワイの航海の歴史に関する様々な資料を見ることができる。**http://www.bishopmuseum.jp/maritime.php**

●国立科学博物館（東京・上野）

地球館の地下2階には、人類の世界拡散の最終ステージを担った存在として、ホクレアの設計図をもとに作られたダブルカヌー（模型）が展示されている。2007年ホクレア来航の際、クルーたちもここを訪れた。**http://www.kahaku.go.jp/**

●ポリネシア航海協会（Polynesian Voyaging Society）公式サイト

ホクレアの航海の記録、伝統航海術についてなどの情報が満載。
http://pvs.kcc.hawaii.edu/（英語）

ホクレア　星が教えてくれる道

2008年7月1日　初版第1刷発行

著者　内野加奈子
発行者　佐藤 宏
発行所　株式会社 小学館
東京都千代田区一ツ橋2-3-1　〒101-8001
電話／編集 03-3230-5170　販売 03-5281-3555
印刷　文化堂印刷株式会社　HBP-700
製本　株式会社若林製本工場

DTP　株式会社 吉野工房
編集　香藤裕紀
制作　池田 靖　大木由紀夫　馬場美宣
販売　前原富士夫
宣伝　宮村政伸

Printed in Japan　ISBN978-4-09-387777-0

ʻĀkau
〈North〉
Haka
Nāleo
Nālani
Manu
Noio
ʻĀina
Lā
Hikina
〈East〉
Lā
ʻĀina
Noio
Manu
Nālani
Nāleo
Haka
Haka
Nāleo
Nālani
Manu
Manu
Nālani
Nāleo
Haka
Hema
〈South〉
Hoʻolua
Koʻolau
Malanai
Kona